中外名人传记

U0951096

天才发明家

爱迪生

黄萍——主编

巴蜀书社

图书在版编目（CIP）数据

天才发明家——爱迪生 / 黄萍主编 . —成都：巴蜀书社，2018.9

（中外名人传记）

ISBN 978-7-5531-1050-9

Ⅰ.①天… Ⅱ.①黄… Ⅲ.①爱迪生（Edison，Tomas Alva 1847-1931）—传记 Ⅳ.①K837.126.1

中国版本图书馆 CIP 数据核字（2018）第 208412 号

天才发明家——爱迪生 黄萍主编

策划编辑	施　维
责任编辑	肖　静
出　　版	巴蜀书社 成都市槐树街 2 号　邮编 610031 总编室电话：(028)86259397
网　　址	www.bsbook.com
发　　行	巴蜀书社 发行科电话：(028)86259422　86259423
经　　销	新华书店
内文排版	泽雨
印　　刷	四川省南方印务有限公司
版　　次	2018 年 10 月第 1 版
印　　次	2019 年 7 月第 2 次印刷
成品尺寸	152mm × 215mm
印　　张	13.25
字　　数	265 千
书　　号	ISBN 978-7-5531-1050-9
定　　价	33.00 元

前　言

托马斯·阿尔瓦·爱迪生（Thomas Alva Edison，1847~1931），是举世闻名的美国电学家和发明家，一生共有约两千项创造发明，为人类的文明和进步做出了巨大的贡献，被誉为“世界发明大王”。

爱迪生同时也是一位伟大的企业家，1879 年，爱迪生创办了“爱迪生电力照明公司”，1892 年，汤姆·休斯顿公司与爱迪生电力照明公司合并成立了通用电气公司，开始了通用电气在世界电气领域长达一个多世纪的统治地位。

1847 年 2 月 11 日，爱迪生生于美国中西部的俄亥俄州的米兰小镇。父亲是荷兰人的后裔，经营一家木材厂，母亲曾当过小学教师，是苏格兰人的后裔。爱迪生 8 岁上学，但仅仅读了三个月的书，就被老师斥为“低能儿”而撵出校门。从此以后，他的母亲担任他的“家庭教师”。母亲良好的教育方法，使他对读书发生了浓厚兴趣，不仅博览群书，而且一目十行，过目成诵。到 9 岁时，他能迅速读懂难度较大的书，如帕克的《自然与实验哲学》。

12 岁的时候，他获得列车上售报的工作。他一边卖报，一边兼做水果、蔬菜生意，在美国南北战争爆发的时候还自己办了一份报纸——《每周先锋报》。16 岁时，他用所挣得的钱在行李车上建立了一个化学实验室。一次他在火车上做实验时，引发了火灾。

挫折并没有使爱迪生灰心，1869 年 6 月初，他来到纽约寻找工作。10 月他与波普一起成立了“波普—爱迪生公司”，专门经营电气工程的科学仪器。在这里，他发明了“万能印刷机”。后来爱迪生在新泽西州纽瓦克市的沃德街建了一座工厂，专门制造各种电气机械。在纽瓦克，他又发明了蜡纸、油印机等。从 1872 至 1875 年，爱迪生先后发明了二重、四重电报机，还发明了世界上第一架英文打字机。

他一生中不断地创造出新的发明。

1876 年春天，爱迪生迁到了新泽西州的“门罗公园”。他在这里建造了第一所“发明工厂”，它“标志着集体研究的开始”。1877 年，爱迪生改进了早期由贝尔发明的电话，并使之投入到实际运用。他还发明了他心爱的一个项目——留声机，人们都称他为“门罗公园的魔术师”，之后在此基础上又发明了电唱机。

爱迪生在发明留声机的同时，经历无数次失败后终于对电灯的研究取得了突破。1879 年 10 月 22 日，爱迪生点亮了第一盏真正有广泛实用价值的电灯。为了延长灯丝的寿命，他又重新试验，大约试用了六千多种纤维材料，才找到了新的发光体——钨丝，可持续六千多小时，达到了耐用的目的。

后来爱迪生利用影像连续的原理发明了电影。他第一次在实验室里试验电影是在 1889 年，1891 年申请了专利。1903 年，他的公司摄制了第一部故事片《列车抢劫》。爱迪生为电影业的组建和标准化做了大量工作。

1887 年爱迪生把他的实验室迁往西奥兰治，为了他的多种发明制成产品和推销，他创办了许多商业性公司，这些公司后来合并为爱迪生通用电气公司，后又称为通用电气公司。此后，他的兴趣又转到荧光学、矿石捣碎机、铁的磁离法、蓄电池和铁路信号装置上。

第一次世界大战期间，他研制出鱼雷机械装置、喷火器和潜水艇探测器，为美军作战胜利立下了不可磨灭的功绩。

1931 年 10 月 18 日，这位为人类做过伟大贡献的发明家和企业家因病逝世，终年 84 岁。

迄今为止，世界上还没有一个人打破他一生 1093 项发明专利的世界纪录。

目　　录

第一篇　发明创造的天赋

天才就是百分之九十九的汗水加百分之一的灵感，但那百分之一的灵感是最重要的，甚至比那百分之九十九的汗水还重要。

——爱迪生

勇士的后裔

五大湖风景

在美国和加拿大交界处是五大湖，其中靠近东南，面临伊利湖的美国俄亥俄州米兰镇，有位经营制材工厂的老板，名叫撒姆尔·爱迪生。

他的家是一幢红砖砌的房子，可以俯视河上沙洲。在米兰镇，他家的生活可以说算是

爱迪生在俄亥俄州米兰镇的老家

过得不错的。

1847年2月11日，撒姆尔·爱迪生家诞生了第三个孩子。

天快亮了，外面正下着大雪。

孩子出生这一天，撒姆尔照常去工厂。工人们对他说："老板，恭喜你，听说又生了个男孩。"

撒姆尔看上去很高兴，回答他们说："谢谢，这孩子的头很大，不过倒长得蛮可爱的。"

"准备取什么名字?"

有个工人这样问，其他工人也都放下手上的工作，注视着撒姆尔。

人们这么问是有原因的。

因为撒姆尔的第一个男孩取名威廉·皮特，第二个女孩取名丹妮，而男孩的名字正好和当时的英国首相名字相同。

镇上的人知道这件事，都议论说："怎么取了一个大人物的名字?”

所以，工人们都对撒姆尔这第三个孩子的名字很感兴趣。不过，撒姆尔的回答却使他们感到很意外。

“这次，我要叫他托马斯·阿尔瓦·爱迪生。托马斯是我的祖父，也就是婴儿的曾祖父。他是美国独立战争的勇士，而且活到104岁。这个婴儿，因为头很大，看起来不怎么健壮，所以我希望他能像他曾祖父一样地长命，所以特地给他取了曾祖父的名字。”

“老板，托马斯这名字不错，不一定要像他的曾祖父嘛。这孩子的祖父不是也已九十出头了吗？你们爱迪生家族，好像代代都很长寿，所以，这次生的孩子一定也会长得很好。”

“我也希望这样。”撒姆尔高兴地说。

另外有个工人笑着说：“老板，爱迪生家的人，除了长寿，还都有顽固的性格呢!”

“顽固?”撒姆尔听了工人的话，顿时一愣，不过，马上又哈哈大笑起来。“说得一点儿也不错。真的，爱迪生家好像就有这种顽固的血统。据说，我的祖先在1728年初从荷兰移民新大陆。祖父托马斯本来在纽约市银行做事，独立战争爆发后，他就拿起枪杆成为华盛顿将军的部下，对抗英军。”

接着他又说道：“可是，我父亲反对独立战争，因而移民加拿大。我是在加拿大出生的。不久，加拿大也和美国一样开始了独立战争，我违反了父亲的意愿，参加了加拿大的独立军。独立军打败后，我又跑来美国，所以可以说，我们一家人都是顽固人物。这次生的孩子也有这种血统，也许长大了照样又是一个顽固的家伙。”

撒姆尔停了一下，继续说下去。

“不过，顽固也不一定不好。比方说，如果发现对社会有益的事情，不管周围的人怎么说、怎么想也一定坚持到底，这种固执的坚强意志也很重要。我希望刚出生的托马斯也能成为这样的人。”

工人们听他这么一说，个个都点头称是。

在工厂里，刚刚做了第三个孩子的父亲和工人们谈得很起劲；刚出生的婴儿则由母亲抱着，睡得正甜。

当时，撒姆尔 43 岁，撒姆尔的妻子南茜则 37 岁。

南茜是加拿大一个小镇上牧师的女儿，很有教养，也当过中学教师。他们两人是在这个小镇结婚的。没过多久，丈夫因参加独立战争而被加拿大总督下令追捕。这对夫妻知道有了危险，于是抛下所有家产，越过国境，走了三百公里，逃到美国俄亥俄州的小镇米兰。

夫妻俩初到镇上，可说是身无分文，但南茜不时鼓励丈夫一定要振作起来，开始新的生活。

当时的米兰镇在俄亥俄州称得上是有名的小麦集散地。当地有条运河与伊利湖相连接，每天河上运输小麦的船只来来往往。因此，造船业很发达，这也使得这个小镇十分繁华。

背景知识

五大湖区

五大湖区指位于北美洲的五个大湖，分别为苏必利尔湖、休伦湖、密歇根湖、伊利湖和安大略湖，是世界上最大的淡水湖群。它们位于加拿大和美国交界处，除密歇根湖属于美国以外，其他四个为美国和加拿大所共有。

五大湖总面积约245660平方公里，流域约为766100平方公里，美国占72%，加拿大占28%。南北延伸近1110公里，从苏必利尔湖西端至安大略湖东端长约1400公里。湖水大致从西向东，流入大西洋。除密歇根湖和休伦湖水平面相等外，各湖水面高度依次下降。

五大湖是约一百万年前的冰川活动的最终产物，现在的五大湖位于当年被冰川活动反复扩大的河谷中。地面大量的冰也曾将河谷压低，现在的五大湖是更新世后期该地区陆续形成许多湖泊的最后阶段。五大湖水面辽阔，对气候有明显的调节作用。

苏必利尔湖周边为加拿大安大略省、上密西根半岛、美国威斯康辛州和明尼苏达州，是最北和最西的湖，可视为该水系的源头。平均深度148米，为最深湖，海拔183米，通过圣玛丽斯河流入休伦湖，平均流量2141立方米/秒。

密西根湖位于苏必利尔湖南部，周边为上、下密西根半岛，印第安纳州，伊利诺州和威斯康辛州。平均深度84米。水面平均海拔176米，通过麦基诺水道向北流入休伦湖，平均流量1353立方米/秒。

休伦湖较密西根湖稍大，位于相等海拔高度。但平均深度仅59米。两岸为安大略省与密西根州。通过圣·克莱尔河、圣克莱尔湖的浅盆地和底特律河注入伊利湖，平均流量5120立方米/秒。

伊利湖周边为安大略省、纽约州、宾夕法尼亚州、俄亥俄州和密西根州南部。平均深度19米，为五大湖中最浅者。湖底自西向东倾斜，西端深7米，东端深64米。海拔174米，平均流量5717立方米/秒。出水水道为尼加拉河，在尼加拉瀑布骤然下降，然后到达安大略湖。

安大略湖在该水系中面积最小。但平均深度居第二位，为86米。位于安大略省与纽约州之间，海拔75米，流入圣劳伦斯河时平均流量为6849立方米/秒。

好奇的顽童

这次生下来的婴儿发育得很好，周围的人都叫他“阿尔”。大家都很喜欢他。

阿尔有着一双灰色的亮晶晶的眼睛，看起来很聪明，不过头显得特别大，样子不怎么好看。

爱迪生的父亲

不管哪个孩子小时候都有好奇心，喜欢问东问西；不过阿尔比一般孩子更为好奇。

最初，他会跑到父亲经营的工厂去向工人问这问那，最后弄得工人们都感到很不耐烦。

“不行，不行！这不是小孩子玩的地方，到别的地方去玩吧！”

等阿尔走了之后，工人们都小声地议论着。

“那个孩子，头脑可能有问题。”

“可怜的老板！这个孩子好像真的有问题。”

阿尔被赶走后，就跑到镇上的造船厂去，这是阿尔最喜欢的地方。

幼年时的爱迪生

和往常一样，他问东问西，问个不停，有的时候还不满足，拿起锯子、刨子来锯木板。

工人们都觉得这样很危险，果然有一次阿尔锯伤了左手。

“瞧你这么小就敢玩刀玩锯，所以才会受伤，走开！走开!”在那儿，阿尔又被工人们赶走了。

被赶出造船厂的阿尔，又跑到打铁场。在这儿，阿尔又有了疑问：火为什么会燃烧？

注视着火的阿尔问工人说：“叔叔，火为什么会燃烧?”

“什么?”

被这奇怪的问题问着的工人，一时发了呆。

“火会燃烧，所以就燃烧。”

“火为什么会燃烧?”

“因为点了火嘛。”

“为什么点了火，就会燃烧?”

“真啰唆！火是点了就燃烧，浇了水就会熄灭的。”

“为什么火浇了水，就会熄灭呢?”

“走开！走开！我忙得很呢，真啰唆!”

阿尔又被工人们赶走了。不过，只要有了疑问，阿尔一定追根究底，非弄明白不可。

很不情愿回到家里的阿尔自己跑到后面储藏室去点火，他一定要弄明白“火为什么会燃烧”这件事。

阿尔注视着火花。一会儿工夫，火烧到了旁边的木屑，储藏室马上冒起了黑烟。

“失火了!”

“失火了!”

发现冒出黑烟的工厂工人和邻居们全都跑来救火，幸好只烧着了一间小屋。

父亲赶来说道：“你这个玩火的坏孩子。”

说着狠狠地打了他屁股几下。

被打的阿尔等父亲一停手，好像很痛似的摸摸屁股，就又问爸爸：“火为什么会燃烧?”

有一天，阿尔独自跑到镇上去，那里也有引起他兴趣的东西。

米兰镇因为是小麦集散地，所以每天从各地或用船、或用马车送来很多小麦，再由镇上利用输送机械将这些小麦很快地送进仓库。

阿尔很想知道这种机械究竟是怎么回事，于是就偷跑进仓库，他想从前面仔细看个清楚。

不知道有小孩跑进仓库的工人和往常一样，操纵着机械，开始往仓库送小麦。阿尔小小的身体一会儿就被小麦掩埋了。小麦已经堆到胸部，阿尔一动也不能动。

“叔叔，请把机械停下来。”阿尔急得高声大喊。

听到突然传来小孩的求救声，操纵机器的工人急忙把机器停了下来探望。这时候的小麦已经超过阿尔的肩部，他差一点就被小麦活埋了。

阿尔那天晚上回到家，不敢把这件事告诉父母，害怕父亲再打他的屁股。可是，没过几天，阿尔又闯了祸。

父亲的木材制造工厂附近有条小河，从阿尔家到镇上，要经过一座小桥。

阿尔想，何不用板子自己造一座桥，好让自己通过。

于是，他从工厂搬来一块长板，又扛来两根小圆木，他将圆木放在两岸，再把板子放在圆木上。只有五岁的阿尔哪里会知道板子必须要用钉子钉牢才行。

“桥造好了!”

阿尔很得意地踏上木板，走到小河中央，这时候因为身体的重量使板子滑动了一下。

阿尔吓了一跳，可是已经太迟了，没钉牢的板子从圆木上滑落，阿尔“扑通”一声掉进了水里。

河水很深，阿尔没有办法站立而且也不会游泳，喝了不少水，当他正在水中不知怎么才好的时候，幸好被路过的行人发现并很快救了起来。

衣服都已湿透，再也瞒不

爱迪生的母亲

过家人了。小阿尔只好把事情的原委说了出来。母亲听后很吃惊地说："这孩子，真是的！不知道他什么时候会做出些什么事情来。"

不过，母亲没有像父亲那样责备他。

像这样常常让家人担心的阿尔，有时也会使大家忍不住笑出来。

一天傍晚，家人都已坐下准备吃饭，却不见阿尔的人影。

"阿尔不知跑到哪儿去了?"母亲问。

姐姐丹妮回答说："刚刚看到阿尔在鸭舍那儿。"

一听说在鸭舍，父亲马上从椅子上站起来。

因为鸭子常常跑到河边去，父亲怕阿尔跟着鸭子到小河去，再掉进水里。

父亲先到鸭舍去查看，只见阿尔坐在那里一动都不动。

"阿尔，你在那儿做什么？吃饭了，大家都在等你呢。"

阿尔还是不动，只轻轻地说：

"我现在正在孵蛋，所以不能去。"

"孵蛋?"

父亲走过去看，阿尔正把屁股放在蛋上。这时，他的身旁有只母鸭，好像很不高兴似的瞪着阿尔。

"起来，阿尔!"

父亲强行拉起阿尔，结果不小心将蛋打破了。阿尔的裤子湿湿的，全都沾上了蛋液。

晚饭的时候，为了这件事情，大家都笑痛了肚皮。

"你们为什么要那样笑我？我只是想知道为什么母鸭孵了蛋，就会孵出小鸭来。"

只有母亲听了阿尔的话，突然不再笑了。母鸭孵出小鸭，这是生命的奥秘。一个五岁大的孩子怎能了解这么多？不过这么小小的年龄就能想到这种神秘现象的确很少见！

“阿尔真和一般小孩不同，将来长大了不知会成为什么样的人?”父母看着阿尔，心里都这么想着。

1854 年，阿尔 7 岁的时候，爱迪生一家搬到密西根州的波特·休伦镇。

休伦湖风景

波特·休伦镇靠近休伦湖，是比米兰更靠北的一个市镇。

那时候的美国，刚由马车时代进入火车时代。俄亥俄州附近联合干线铁路公司的铁路在由东向西伸展，当时计划在米兰镇设一站点。

知道这个消息的米兰镇人都表示反对，因为如果有了火车，那如全镇生命线般的运河就派不上用场，到时候，船主和造船业者都将失业。

不过撒姆尔不这么想。他认为不利用火车就等于违背了人类文明进步的规律。如果那样，米兰镇要不了多久就会被时代所遗弃，也不会繁荣起来的。

而那时候，撒姆尔除了制造建屋用的木板外也兼做小麦和食品买卖。如果一直住在米兰镇的话，将来不会有很大发展的，所以他想搬到新铁路通达的波特·休伦镇去。

撒姆尔在波特·休伦镇新买的房子建在松林中的高地上，能看到从休伦湖流出的圣·克莱尔河。

这幢房屋有十几个房间，后面还有马房。单只建筑用地就有四公顷，另外还有四十公顷的果树园，这里是以前为了防印第安人而建的军官宿舍。

阿尔很喜欢这个家，每天在园子里跑来跑去地游玩。

撒姆尔在这里经营制材和小麦买卖，也种植蔬菜。他把蔬菜和果园里生产的水果一起卖到市场，生意逐渐做得很大。

不只这样，撒姆尔还计划在家里的高地上造一座塔，供人们参观湖光山色，每人收费两角五分。

这座塔建好以后，他就在车站张贴了广告：

> 美国第一塔，站在塔上休伦湖和圣·克莱尔河的美景尽收眼底，观赏费两角五分。
>
> 撒姆尔·爱迪生

这座塔高约三十米，从上往下看，景色还真是不错。

左转右弯的楼梯是对木工外行的撒姆尔自己亲手制作的，所以有点危险，不过参观的人每天多到需要排队。

阿尔成为这个塔的管理人，向每位参观的人收费。参观客人多的时候，一天可以达到六百人，所以阿尔非常忙碌。

阿尔的哥哥威廉很喜欢绘画，想做个画家。

撒姆尔心想，也许这座塔的参观费收入到达一个相当数目时，可以用来供威廉去巴黎学画。

不过事情并没有他所想的那么如意，再怎么美的景色，看过两三回也就厌了。经过一些日子，参观的人数一天一天地减少了，阿尔也觉得很无聊。

“爸爸，两角五分太贵了，如果减价的话也许又会有人来参观。”

“是呀!”

经阿尔这么一说，撒姆尔将收费减到一角，可是参观的人还是不多。

阿尔又想了一个办法。

“爸爸，在塔顶上装个望远镜怎么样?”

“嗯，想法不错!”

这座塔很快就装置了望远镜，可是参观的人数仍然没有增加。不但如此，由于是外行人建造的塔，只要风大一点就会摇摇晃晃。付了钱去参观的人往往由于胆小，爬到一半就中途放弃了。

“那个塔很危险，还是不上去的好。”

不知什么时候，这样的说法开始在镇上传开。这座塔的生意也就无法再做下去了。

阿尔变得无事可做。不过在管理这座塔的时候，他却对工作产生了兴趣。

“我想到镇上去卖菜。”有一天，阿尔对父母这么说。

父母起初有些吃惊，可是后来则说：

“也好，小孩子能养成勤劳的习惯总是一件好事。不过不可因为怕苦而半途而废。”

“放心，不会的，我一定要干到底!”

阿尔信心百倍地承诺着，双亲也就答应了。

于是阿尔用车子载着家里所种的菜到镇上去卖。

这项新生意倒很不错，镇上的太太们都说：“这孩子真可爱。”

大家都对阿尔很友善。胡萝卜、马铃薯、高丽菜的销路特别好。阿尔的为人很老实，不好的东西都不卖，价钱也比别人便宜。

过了一阵子，慢慢对做生意产生兴趣的阿尔，又从别的农家买进水果去转卖。

生意越来越好，阿尔自己一个人已经无法应付，因此雇了一位比自己大两岁的少年来帮忙，两人从这个镇卖到那个镇。

像这样经过一年多的时间，阿尔赚了五百多元，这简直令双亲吓了一大跳。

不久，阿尔因为要上小学，便决定不再卖菜了。

背景知识

蒸汽机和火车机车的发明

1736 年，瓦特生于英国造船业发达的格拉斯哥城附近的格里诺克镇，祖父和叔叔是机械工人，父亲是造船工人。因为家里穷，瓦特几乎没上过学，但在家庭的影响下，他从小就懂得了不少机械制造的知识，培养了制造机械的兴趣。1688 年，法国物理学家德尼斯·帕潘，曾用一个圆筒和活塞制造出第一台简单的蒸汽机。但是，帕潘的发明没有实际运用到工业生产上。十年后，英国人托易斯·塞维利发明了蒸汽抽水机，主要用于矿井抽水。1705 年，纽克曼经过长期研究，综合帕潘和塞维利发明的优点，创造了空气蒸汽机。

经过认真研究，瓦特发现纽克曼蒸汽机有许多缺陷，主要是燃料耗费太大，笨拙，应用的范围有限，只能用于矿井抽水和灌溉。瓦特决心造一台比它更好的蒸汽机。经过反复实践，他终于在 1796 年制成了有分离冷凝器的单动式蒸汽机。这种蒸汽机与纽克曼的蒸汽机相比有显著的优点，可节省 75%的燃料。

瓦特并没有满足于已取得的成就，1782 年，他又成功地制造了联协式蒸汽机。1784 年，瓦特对它进行了改进，为它增加了一种自动调节蒸汽机速率的装置，使它能适用于各种机械的运动。从此之后，纺织业、采矿业、冶金业、造纸业、陶瓷业等工业部门，都先后采用蒸汽机作为动力了。

1807 年，美国人富尔把瓦特的蒸汽机装在轮船上，从此，航运中的帆船时代结束了。

1814 年，英国人史蒂芬把瓦特的蒸汽机装在火车上，陆路运输的新时代开始了。

19 世纪三四十年代，蒸汽机在欧洲和北美被广泛采用，这就是所谓的“蒸汽机时代”。

瓦特逝世于 1819 年，后人为了纪念他的伟大发明，把发电机和电动机的功率计算单位称为“瓦特”。现代家庭用的电灯、电暖器、电熨斗的功率都称为“瓦”，那是“瓦特”的简称，也是为了纪念他为人类做出的杰出贡献。

只念了三个月的小学

进了小学的阿尔最初很专心地听讲，但两个月后，情形发生了变化。

国语课的时间，他却在画船。有的时候他突然大声地发问："老师，星星为什么不会从天上掉下来?"

老师责备了他，他就好像很没趣似的，虽然不再说话，但也不再全心听课。

其次是上音乐课，别的小孩都愉快地唱着歌，只有他，嘴巴动也不动，好像在想着什么。

"托马斯，为什么不唱歌?"老师这么问他。

他却问道："老师，火车为什么会跑?"

简直答非所问，出人意料。

阿尔的成绩并不比别的学生坏到那儿去，但只要一想到问题，他不管是不是上课时间，都会不顾一切地提出来。

往往上数学课时，他会突然问老师："老师，为什么会下雨?"

像这样，经常弄得老师啼笑皆非。

虽然阿尔总是被老师责备、罚站，可是他一点儿也不在意，只要自己喜欢的事情，即使花上几个小时也会热心地去做，不喜欢的事情连看也不看。老师再怎么责备他，他就是不听。这种任性而顽固的性格也许正是爱迪生家的传统。

刚开始，老师只是认为托马斯和一般孩子有些不同，因而想尽办法指导他，可是最终都没有作用，最后不得不承认这个学生一定是低能儿。

当时低能儿是不能念普通学校的，所以入学三个月，阿尔的母亲南茜就被老师请到学校。

“托马斯可能是个低能儿，很抱歉！只好让他退学了。”

就这样，阿尔退学了。

南茜对爱子被学校宣布退学并不吃惊，因为她相信这少年不但不是低能儿，相反，他还拥有一般孩子所没有的才能。

南茜以前当过中学老师，她知道这样的少年采用普通的小学教育是无法发挥他的才能的。

于是南茜想到自己来教阿尔，回到家里后，她对阿尔说：“以后，妈妈要自己来教你，不过你要好好用功。”

“真好！在学校总是被老师骂，所以我不喜欢上学。”

阿尔非常开心地对妈妈这么说。

就这样，以后成为大发明家的爱迪生，当年却被看作低能儿，只念了三个月的小学就被宣布退学了。

他妈妈的家庭教育和学校大不相同。只要阿尔看得懂，不管多难的，都给他看。

这样的教育方法收到了很好的效果。不到两三年，像吉朋的《罗马帝国衰亡史》、休谟的《英国史》、希罗德的《世界史》等他都能读。

阿尔的母亲知道阿尔对机械和化学实验很感兴趣，所以也让他念这方面的书，包括世界名著《自然实验哲学》在内。

这本书有好几百页，书中内容涉及从蒸汽机到氢气球。关于那个时代的科学知识，差不多都已包含在内，即使是中学毕业生也会觉得这本书很难懂。

爱迪生后来曾这么说："那本《自然实验哲学》是我 10 岁时，头一次看的科学书，我把它选为最可理解的书。"

当然，像那么高深的书，不可能头一次就能看得懂，阿尔向母亲请教了好几次，反复地阅读了好多遍，不顾吃饭，也忘了玩，他一心一意地看这本书。

最后连教他的母亲都坚持不下去了。

"像这个样子，也难怪小学老师会觉得他很怪呢!"

南茜不但对那位要自己的儿子退学的小学老师不加怀恨，反而同情他们。

阿尔到了 12 岁，就开始念英国物理学家牛顿所著的《原理》。这本书里有很深的数学知识，连当老师的妈妈阅读起来都感到很困难，数学一向不太好的阿尔也皱着眉头说："太难了，太难了!"

世界第一发明家的数学很差劲，这倒是件很有趣的事情。有人说这可能是因为爱迪生没有受过正规教育的原因。

不过，这种说法并不十分正确，他似乎生来数学就不太好，再怎么样也不喜欢数学。

这样的例子不只发生在爱迪生身上，电学权威法拉第的数学也不好，难怪爱迪生喜欢阅读书中不用数学的法拉第的著作呢。

他的母亲除了科学书外，也让他看小说。而父亲因为不喜欢小说，所以表示反对。

母亲想要说服阿尔的父亲，她说："小说对想象力很有帮助。"

阿尔对《鲁滨逊漂流记》《天路历程》等小说都很喜欢，据说特别喜欢的是法国小说家雨果所写的《巴黎圣母院》和《悲惨世界》。这些小说很让阿尔感动，他就连其中一段一段的对话都能背得出来。

地下室的"化学家"

自从学到了种种知识之后，阿尔对化学的兴趣越来越大，并且喜欢自己一一去做实验。

他把以前放菜的地下室改成了实验室，柜子里放了两百多只装了化学药品的瓶子。

这些瓶子都给贴上"毒药"的标签。阿尔想，这样做的好处是当自己不在家的时候，如果别人来到地下室就不敢轻易乱动了。

有时，阿尔到地下室做实验，经常会忘了吃饭，整天待在地下室里不出来。

在他所有玩伴中，他容许进入地下室的只有迈克一个人。迈克是阿尔卖菜时的伙伴，性情很好，非常听阿尔的话。

有一天阿尔正做实验的时候，迈克来了。

“阿尔，你又在做实验了。”

“哦，迈克，你来得正好，有很好玩的事。”

“什么事好玩?”

迈克靠近阿尔，看到他手上拿着的试管里装了白色液体，那些液体正在冒烟。

“迈克，你想不想像小鸟一样在天空中飞?”

“什么?”迈克吓了一跳。

“人能飞上天空？就像玩魔法那样吗?”

“当然可以，把这种药喝下去，你的身体就会像气球一样，浮上天空。”

“真的吗?”

“不会错，现在就把药喝下去好了。喝下之后身体就会向上浮，等下到了空中，再多喝一些，就会像鸟一样在天空里到处飞翔。”

“那真好!”

“你起飞了，我也跟着起飞，我们两个人在天空上飞，镇上的人一定会大吃一惊的。”

“可是，怎么会那样呢?”

“吃下这种药，身体内就会积下比空气更轻的气体，身体就会浮起来。”

迈克想了想，说：“阿尔，那样不会有危险吗?”

“那怎么会!”

“如果我们正好飞到湖面上的时候，万一气体没有了，岂不就掉到湖里去了吗?”

“放心好了。快要没有气体时，我们赶快飞到空地里就是。”

“对!”

当迈克还在怀疑的时候，阿尔已将两种粉末混和一起，要迈克喝下去。

“这到底是什么药?”

“赛德利盐。”

没有化学知识的迈克听得莫名其妙。

“这就是玩魔法的药吗？好，我喝。”

迈克拿起杯子一口气喝了下去。

“阿尔，喝下去了。喝下之后，这样站着就行吗?”

“躺下来。”

听了阿尔的话，迈克就躺了下来。

阿尔注视着迈克，可是时间十分钟、二十分钟过去了，迈克的身体还是没有浮上来。

“奇怪，是药量太少吗?”

阿尔正觉得奇怪，只见迈克突然抱住肚子叫苦。

“阿尔，不知为什么，我觉得好难受，肚子好像在响。”

“好了!”阿尔很高兴地拍着手。

“开始制造气体了，迈克，再忍耐一下，马上身体就要浮上来了。”

可是迈克的身体不但没有浮上来的迹象，反而抱着肚子呻吟着。

迈克在实验桌上打着滚，这时候，阿尔的母亲走了进来。

“地下室的化学家该吃饭了。”

阿尔的母亲微笑着打开地下室的门，当她目睹这幕景象时，一下子吓得呆住了，只见迈克铁青着脸痛得在地上打滚。

“怎么了？阿尔。”

“我正在做化学实验。”

“什么实验?”

“使人飞上空中的实验，我刚给迈克喝了沸腾酸，马上迈克的身体就会浮上空中。”

母亲给吓住了。

“给他喝了多少?”

“差不多半杯。”

“怎么可以拿人来做实验？这多危险！如果迈克发生意外，可怎么办?”

南茜赶紧去叫阿尔的父亲。

幸好，迈克的腹痛不太严重，过不了多久就渐渐好了。可是阿尔却被父亲狠狠地打了一顿。

“你太能胡闹了！地下室的药品统统丢掉，以后再也不准做实验了。”

阿尔虽然被父亲一顿毒打，但依然顽固地辩解说：“爸爸，那药对人体并没有害处，化学书上是这么写的。”

“这就是你考虑不周的地方，再没有害处的药，一次吃多了，对身体就会有害处。不管怎么样，地下室要关闭。”

阿尔的父亲大发雷霆，经过南茜的一再劝解，总算暂时息怒，但要阿尔答应以后不再做危险的实验，才允许他继续研究。

波特·休伦镇上曾有这样的传说，这位发明家在少年时代曾想给黑人女佣吃皮肤变白的药，女佣吓得赶快逃走了。

不过，这也许可能是后人捏造出来的谎话。

小报童和小报人

1858 年，托马斯·阿尔瓦·爱迪生已经 12 岁了，从 9 岁到现在已经 3 年了，他因母亲的家庭教育而念了不少书，可是现在已经不能再从他母亲那里学到什么了。虽然这样，关于化学方面的知识，阿尔还是比较丰富的。

有天晚上，晚饭后母亲问阿尔："阿尔，以后你想念什么书?"

"我想做化学实验，也想多看一点电气方面的书。这次欧洲和美国间的大西洋海底电缆真是壮观。"

以前欧洲和美国之间信件来往需要一个多月，自从有了海底电缆，只要几分钟就能通电报，这件事在美国成为了大新闻。

"为了念书，我想买书，也想买化学药品。不过，这么一来，要比现在花更多的钱，我想自己去赚钱。"

父亲却说："阿尔，念书的钱我可以替你负担。"

"这样可不行，我想用自己赚的钱念书。我已不是小孩子了。"

父母听了这话都露出了微笑。

"那很好，人要勤劳才对。你以前也卖过菜，不过半工半读会比以前更辛苦啊。"

“可是，共和党的林肯也是穷人家的孩子，他就是半工半读，据说这次要出来竞选总统呢!”

“看来你是不想输给林肯了，哈哈……”父亲大笑。

那时候阿尔家经常谈论的就是林肯想竞选美国第十六任总统的事。

“那么阿尔，你想做什么事?”阿尔的母亲这么问他。

卖报纸时期的爱迪生

“我想去卖报。迈克也在卖报，他说很好卖。”

这个想法他的父母都同意了。

因为他只需要早上卖完报，剩下来的时间就可以看书；再说镇上报纸的销路很好，这也是事实。

那时候，美国的铁路向西部扩展，新垦地发现了金矿、石油以及和印第安人相争等种种新闻，每天都会见报。

再说关于政治问题，因为南北双方关系交恶，战争可能随时都会爆发，这件事每天在议会上都有争论，对此全国国民也都很关心。

其他的，海外新闻有迫使日本打开门户、签订新条约；在地中海苏伊士运河的大工程开工；在中国，英国和法国联合与中国作战等等，吸引人的新闻很多。

于是阿尔就去卖报了，这样过了差不多一个星期，有一天阿尔突然说：“我决定在火车内卖报纸和杂志。”听了阿尔这话，父母都吃了一惊。

波特·休伦到底特律之间约一百多公里的旅程，火车每天早上7点从波特·休伦车站出发，三个小时之后约早上10时到达底特律站，休息到下午6点再从底特律往回开，晚上9时返抵波特·休伦，每天来往一次。

听了阿尔的话，母亲不能理解地问：“上午10点到达底特律，一直到下午6点共有八个小时，这段时间，你要怎么打发?”

“就是因为这样”，阿尔很兴奋地说：“这段时间我想到底特律的图书馆去看书，那边的图书馆比我们这里的更好，藏书有一万六千册，我想把那些书全部看完。”

“把图书馆的书全部看完，你知道需要多久吗?”

“只需三年，我就会把它看完，还有，我已获得了铁路局准许在车内卖报纸、杂志和糖果的权利。”

阿尔把获得权利的经过，详细地述说了一遍。

铁路局经理最初听说阿尔只有12岁，不肯答应这件事。

不管什么事只要想做，就一定要完成才肯罢休的阿尔，碰了一次钉子当然不肯罢休。

一天、两天、三天、四天，他不停地去请求，最后对方只好问他：“你卖报纸赚了钱，打算怎么用?”

“我有很多想看的书，赚了钱就用来买书，还想买些做化学实验用的药品。”

“这很了不起!”

“火车需要走三个小时，客人们一定会无聊，所以我想，让先生们读新闻，女士们看杂志，孩子们买糖果吃，这样他们就会有一次愉快的旅行，人们对于坐火车旅行感到兴趣，我也能赚钱来读书。”

“哈哈哈……你确实是了不起的实业家。”

经理非常赞赏这个少年的志气和智慧，欣然答应了他的请求。阿尔回家的途中到镇上报社和他们说好，从第二天起每天分配他五十份报纸。

听了阿尔的这些话，父母也是满心地欢喜。

“好好干!”父母这样鼓励他。

阿尔的想法没有错，为了打发旅途的寂寞，乘客们很乐意地买报纸或杂志。中途上车的乘客也会买，所以生意很好。

爱迪生少年时代卖报纸的火车

阿尔白天在图书馆可以看不少的书，回程又向底特律的报社买来其他报纸卖给乘客。

阿尔一旦开始工作，不管下雨、刮风或下大雪，一天也不肯休息。

这样过了将近半年，阿尔又有了新的计划。

计划之一是既然报纸、杂志这么好卖，除了火车上以外，波特·休伦的车站前也可开一家卖报纸、杂志的商店。

这件事因为阿尔自己没有办法做，必须雇用助手，因此他跑去和好朋友迈克商量。

“好，那间店我来负责，这总比吃怪药好多了。”

迈克马上答应了他的请求。

计划之二是，他走在底特律街上，发现许多在波特·休伦镇上没有见过的蔬菜和水果，而且价钱也很便宜。

“对了，把那些蔬菜、水果运到我们镇上来卖，一定会大受欢迎的。”

阿尔又雇了一个少年做助手开起店来。回程从底特律买来的蔬菜和自己家种的菜一起摆在这个店里卖。

新开的两家店铺的生意都很好，阿尔把赚得的钱分给他们，也常常带他们到镇上的餐馆去吃饭。

没多久车站增添了快车，阿尔又获得在车内贩卖的权利，于是他就又雇佣一个少年，让他在快车上卖。

这样，阿尔每天可以收入八至十块钱，最多的时候，有二十元左右，其中差不多有一半的纯利。对只有十二岁的少年来说，这是一笔很可观的收入。

阿尔从所赚的钱里每天拿出两元给母亲，剩余的就买书或药品、实验器材，所以他家地下室的研究所慢慢地有了相当的规模。

阿尔每天所乘的火车是由三节车厢组成的。第一节是普通车，第二节是妇人、小孩专用车，第三节则是行李车。行李车内隔为行李室、邮信室、吸烟室，实际上吸烟室可以说没有人使用，因此，阿尔就把要贩卖的东西放在那儿。火车一开动就马上开始贩卖，等卖得差不多了，他就到吸烟室里看书。车子到了底特律以后，他又可以到图书馆里去看书。

不过，化学实验必须要等晚上很晚回家，才能在地下室里做，所以他感到时间很不够用，于是阿尔想利用车内空闲的时间来做实验。

在行驶中的火车内设实验室，如果正式提出申请，一定不能获准，这是他想象得到的，所以他只能偷偷地去做。

下定决心的阿尔第二天就搬了些实验器材和药品到火车上去做实验。最初只有一点点药品，慢慢地随着数目的增加，这里就变成一间完整的车内实验室了。这件事情只有司机知道，因为他不认为有什么不好，于是他一再叮嘱阿尔要特别小心，在表面上却装作什么也不知道的样子。

一旦开始做他的实验，就不能在列车内跑来跑去卖东西了，因为需要看住试验管内的药品反应。

于是，阿尔又想到了一个办法。当时美国小学在星期六和星期天都放假，他就想让闲着的孩子乘车，替自己卖东西。

林肯总统

想到这办法，阿尔马上着手进行实施。孩子们能不花钱乘车旅行，又可以赚些零用钱，当然都很乐意。

实行了这个办法后，阿尔在星期六和星期天这两天便可随心所欲地做他的实验了。

1860年，林肯被共和党提名出来竞选总统。

阿尔因为当时只有 13 岁，对政治问题没有什么兴趣，但心里很喜欢林肯。当年 11 月 6 日投票日，阿尔也紧张地等看结果。

林肯以多出五十万票的优势击败了民主党推选出来的道格拉斯，终于成为美国第十六任总统。

“胜了，胜了!”

阿尔拍手叫好，报纸的销路也激增。

依照美国的传统，虽然选举是在 11 月举行，可是新总统就职却要在第二年的 3 月。这段期间却发生了一个大事情。

当时美国南部各州盛产棉花，这些地方一向都从非洲买来黑人做奴隶，而这位新总统却认为：“黑人也是人，同样是人，却把他们买来当牛马役使，这是很不人道的事情，再说，人用金钱来买卖也是不对的。”

林肯主张恢复奴隶的自由，而南方人却认为如果没有奴隶，就没有人干活，田地也就没有收获，所以对林肯深表痛恨，甚至不惜要挟道：“我们要建立一个新的国家!”

于是，乔治亚州、阿拉巴马州、密西西比州、路易斯安那州、佛罗里达州、德克萨斯州、南卡罗来纳州等七个州宣布脱离合众国而组成“南方联邦”。

美国北部各州，因为工业发达，没有使用黑奴，所以一致拥护林肯的主张。

阿尔因为早先住在北部的俄亥俄州，后来又搬到北部的密西根州，所以一直没有见过黑奴的悲惨生活。

1861 年 4 月，美国的南、北双方打起仗来了，史称美国“南北战争”。

同胞互相残杀，每个美国人都很关心，想知道战事的结果，于是大家都抢着看报。

有一天阿尔到达底特律站的时候，发现车站前的布告板前围了很多人。

“发生了什么事情?”

他挤向前去，原来布告板上张贴着新闻报告说：双方在席诺地发生激战，有两万五千人伤亡。

“这一下，可不得了!”

阿尔很快跑到车站的电信室，对电信员说：

“拜托！拜托！请你马上拍电报给各站，要他们在车站布告板张贴席诺发生激战，共有两万五千人死伤的消息。”

因为这不是站长的命令，电信员有些犹豫，阿尔焦急地说：“请快点拍出去，像这样的消息，有必要争取在最短的时间告诉大家。凡是有家人在战场上的一定很关心。如果你拍了，以后每天我送一份报纸给你。”

听说每天会送一份报纸给他，电信员马上开始拍发电报。

阿尔随即跑去底特律自由报社。

“今天多给我一千份报纸，现在只有三百份的钱，不够的明天付给你。”

这么说着，马上掏出身上所有的钱。

“什么？一千份?”

报社里的人吓了一大跳。

“是的，刊载席诺地激战消息的报纸，一定可以卖完一千份，各车站的布告板，我已让他们贴出消息了。”

“好吧，你真比记者还更敏捷!”

报社的人很佩服地将一千份报纸卖给了他。这天，阿尔没到图书馆去，而是把印好的报纸搬上了火车。

果不出阿尔所料，在回程的火车上，旅客因为已经看过布告板上的简讯，一个个都抢着买报纸以了解详情。

沿途有些小站平常只能卖四五份的，那天却卖了近百份。精明的阿尔，将五分钱一份的报纸涨到一角钱，这时的人们也不计较这区区五分钱了。

快到终点站波特·休伦的时候，阿尔把每份报纸又涨了五倍即两角五分钱，一千份报纸就这样全部卖光了。

阿尔一下子赚到一大笔钱。

背景知识

林肯总统

亚伯拉罕·林肯是美国第十六任总统，是世界历史中最伟大的人物之一，领导了拯救联邦和结束奴隶制度的伟大斗争。他的正直、仁慈和坚强的个性影响了美国的几代人，至今仍然被广泛称颂，他是美国历史上最受人景仰的总统之一。

1809 年 2 月 12 日，林肯出生在肯塔基州哈丁县一个清贫的农民家庭，父母是英国移民的后裔。1816 年，林肯全家迁至印第安纳州西南部，以开荒种地为生。9 岁的时候，林肯的母亲去世了。一年后，父亲与一位寡妇结婚。继母慈祥勤劳，对待丈夫前妻的子女视如己出。林肯也敬爱后母，一家人生活得和睦幸福。由于家境贫穷，林肯受教育的程度不高。

1834 年 8 月，25 岁的林肯当选为州议员并开始了自己的政治生涯，同时管理乡间邮政所，也从事土地测量工作，并在友人的帮助下钻研法律。几年后，他成为一名律师。1860年，林肯成为共和党的总统候选人，11月，选举揭晓，以二百万票当选为美国第十六任总统。林肯就职一个月以后的4月12日，南部联邦的军队攻击了政府的一个要塞，南北战争爆发了。战争开始时，北方军队打得并不顺利，为了迅速扭转不利的局面，1862年9月22日，林肯颁布了《初步解放宣言》。当年年底，林肯签署了经过修改的《最后解放宣言》。他在签署了这个文件后庄严宣布："在我的一生中，从来没有比此刻签署这个文件时更加坚信自己是正义的。"根据这个宣言，美国从法律上废除了奴隶制。1863年7月1日，南北双方军队在宾夕法尼亚州的葛底斯堡进行了关键性战役。北军获胜，战局从此向有利于北方的方向发展。1864年11月，林肯第二次当选总统。当选后，林肯以极大地努力要求参众两院通过宪法第十三修正案——宣布蓄奴非法。这项历史性的宪法修正案于当年终于获得通过。1865年4月14日晚，林肯在华盛顿的福特剧院遇刺身亡。5月4日，林肯葬于橡树岭公墓。林肯领导美国人民维护了国家统一，废除了奴隶制，为资本主义的发展扫除了障碍，促进了美国历史的发展，一百多年来，受到美国人民的尊敬。马克思曾经这样评价林肯："他是一位达到了伟大境界而仍然保持自己优良品质的罕有的人物。这位出类拔萃和道德高尚的人竟是那样谦虚，以至于只有在他成为殉道者倒下去之后，全世界才发现他是一位英雄。"

美国南北战争

19 世纪中叶，美国北部自由劳动制度与南部奴隶制度之间的矛盾发展到不可调和的地步。南部奴隶制度成为美国社会经济发展的主要障碍，南北之间的斗争在西部土地的争夺中表现得最为激烈。19 世纪上半叶在美国领土向西扩张的过程中，在西部接连成立新的州。但是每当新州成立之际，就会发生在该州内容许或禁止奴隶制存在的斗争。北方资产阶级和农民主张在新州内禁止奴隶制度，要求把新州确定为自由州。南方奴隶主则力图把奴隶制扩大到西部，主张把新州确定为容许奴隶制存在的州，奴隶主利用其在美国国会及政府中的统治地位，连续取得胜利，激起北方广大人民的愤慨。1854 年北方成立了美国共和党。同年，南方奴隶主企图用武力把奴隶制扩张到堪萨斯，于是在堪萨斯爆发了西部农民与来自自由州的移民反对南方奴隶主的武装斗争，斗争持续到 1856 年，揭开了内战的序幕。

1860 年共和党人林肯当选为总统，美国民主党遭到惨败，这就成为南方奴隶主脱离联邦和发动叛乱的信号。南部蓄奴州南卡罗来纳首先脱离联邦，接着佐治亚、阿拉巴马、佛罗里达、密西西比、路易斯安那和德克萨斯诸州相继脱离，并于 1861 年 2 月宣布成立“南部同盟”，另立以道格拉斯为总统的政府。1861 年 4 月 12 日叛乱政府军开始炮轰在南卡罗来纳的联邦萨姆特要塞，14 日攻陷。林肯政府于 4 月 15 日发布讨伐令，内战爆发。不久，弗吉尼亚、北卡罗来纳、田纳西、阿肯色四州退出联邦参加南部联盟。

1862 年 9 月 22 日，林肯发表预备性的《解放宣言》。宣布：假如在1863年1月1日以前南方叛乱者不放下武器，叛乱诸州的奴隶将从那一天起获得自由。消息传到南方后，成千上万的奴隶逃往北方。英国工人阶级也展开了支持北方的运动，迫使英国政府放弃了原来的干涉计划。

1863年，北方在军事上出现转机。同年7月1日葛底斯堡大捷，歼灭南军两万八千人，成为内战的转折点。战场上的主动权转到北方军队手中。1864年，北方最高统帅采用新的战略方针：在东西两线同时展开强大攻势。在东线以消耗敌人的力量为主要目标；在西线用强大兵力深入敌方腹地，切断“南部同盟”的东北部与西南部的联系。1864年9月，W·T·谢尔曼将军麾下的北军一举攻下亚特兰大，两个月后开始著名的“向海洋进军”，在进军中彻底摧毁了敌人的各种军事设施，使南方经济陷于瘫痪。在东线，格兰特将军统率北军把敌军驱逼到叛乱“首都”里士满附近。1865年初，奴隶纷纷逃亡，种植场经济濒于瓦解。北方海军实行的海上封锁，几乎断绝了南方与欧洲的贸易。同时，在南方内部也出现反对派，许多小农加入联邦派从事反战活动。南方逃兵与日俱增，粮食及日用品匮乏。1865年4月9日，R·E·李的部队陷入北方军队的重围之中，被迫向格兰特请降。美国内战终止，美国恢复统一。

这件事情过后，阿尔想自己发行报纸。他发觉只要报上登载有趣、好玩的事情，销路都不错。

阿尔在底特律旧货店找到一台满是灰尘的印刷机，以很低的价钱买了下来。

再就是印刷用的铅字，这也得到处去找。一切准备好了之后，他就把这些搬到他所使用的行李车吸烟室去。

火车上的工作人员对于他的行为吓了一跳，有点不太高兴，不过阿尔终于说服了对方。这个报社名为报社，实际上只有阿尔一个人，从记者到编辑再到印刷工全都由他来做，自然相当辛苦。这份报纸是对开版，每周发行一次，命名为《每周前锋报》。

对喜欢机械的阿尔来说，操纵印刷机一点也不成问题。至于战争和政治上的事情，他当然不是镇上大报的对手，所以他的报纸都是登载一些铁路沿线所发生的地方性新闻。

这份周刊的确办得很不错，不像是十五岁的少年自己一手编辑和印刷而成的。

底特律自由新闻社的总编辑很佩服这个孩子，并且热心地帮助他。

“你一个人做，忙不过来吧?”于是这个总编辑从自己报社介绍了一个印刷工给他。各车站的通信员，由于工作的关系知道国内种种新闻，阿尔也刊载从他们那儿得来的消息，所以《每周前锋报》的内容一期比一期丰富。

阿尔发行的报纸，只有 1862 年 2 月 3 日的一份被留存下来，现在由爱迪生后人当作传家之宝保存着。这份报纸上登着下列事项：

美国大干线铁路各站点的马车费、列车改正时刻表、牛油及鸡蛋等食品价格，火车上旅客遗忘物品表、旅馆广告、出生或死亡通知等等。还有：

——XX站有个十分勤劳的清洁工，使得那个车站到处都很干净。

——大干线铁路将发给能节省燃料的司机奖品

——近日内，本报将刊登喜爱本报的读者名字

这份周报每份三分钱，每月收费八分。每周可卖四百份，业绩还算不错。

不久后，这份乡下小报竟传到了国外。那是因为有一回，一位英国绅士搭乘了这班车，觉得这份小报很不错。

“少年人能发行这样的报纸，真不简单，我想买一千份带回去。”一次订一千份这是头一回，阿尔很高兴，将其他的事情都放下不做，赶印了一千份卖给了那位绅士。

这位英国绅士拿走阿尔的《每周前锋报》回到英国后，在世界第一流的《伦敦泰晤士报》上大大赞美一番，因此，这份小报就此出了名。

像这样有名气、又有趣的报纸，阿尔却突然决定不办了。原来有一次，阿尔和别人商量要怎样才能增加周刊的发行数量，那人告诉他：“想增加发行数，要多刊载一些读者喜欢的杂谈。人们都喜欢知道他人的秘密和失败经过，如果有这一类的内容，大家觉得有趣，就会买了。”

只有十五岁的少年阿尔，并不知道这话所潜藏着的危险。阿尔听从了那人的意见，马上将《每周前锋报》改名为《会偷看的球报》。

正如新的名称，他将附近镇上一些有趣的传闻或他人失败的经过都登了上去。

这样的做法，自然很受读者欢迎，报纸的发行数量真的大大

地增加了；但那些被刊载的人却非常恼火，因为传闻常常是不合情理的错误，或将事实故意夸大。

有一次，一个被作为杂谈题材的人十分生气地对阿尔说："把这些事登出来，实在太不像话了！"

这人抓住阿尔，凶狠地骂过之后，又粗鲁地将阿尔丢进圣·克莱河。虽然没有发生意外，但使得阿尔警觉到，如果办报这么危险，那么不做也罢。

于是没有多久他就决定停止发行这份报纸了。

这份《会偷看的球报》可惜现在一份也没有留传下来，所以也没有办法知道究竟是什么样内容的一份报纸。

令人惊叹的"电报游戏"

一天，阿尔与平常一样在行李车内的实验室做化学实验。正好几天前乔治·普尔曼送给阿尔一套很好的实验器材，所以他特别高兴。

乔治·普尔曼是"普尔曼式卧车"的设计人，当他看到阿尔的车内实验室后，非常感动，对阿尔说："好好用功读书。"随即送了一套新的实验器材给他。

有一次，在广阔的平原上，以全速奔驰的火车到了急转弯时，行李车的车身就会大大地颠动一下，瞬间，柜上的瓶子摔下来打破了。

黄磷遇到空气，马上燃烧起来。

看到熊熊的白烟，阿尔想：这下可糟了！

他赶快脱下上衣，朝火上掩盖，可是火被风一吹，烧得更旺。

“失火了！失火了！请快来救火!”

听到阿尔的呼救声，车长奔了过来，好不容易才将火熄灭。可是车长却很生气。

这位车长以前就对阿尔未经准许便在车上做化学实验的事很不高兴。

“你看，闯祸了吧！从今天起，不准再在火车上做实验了。”

车长大声骂着并且打了阿尔一记耳光，同时将试管和长颈瓶等，凡是能拿得到的都扔了出去。

“听着！以后只能卖报纸和糖果，再做这种事就决不饶你。”

车长说完就愤愤地走开了。阿尔用手按着发痛的脸。

那个晚上，火车回到波特·休伦，阿尔要他的少年助手帮着把所有剩下的实验器材和药品都搬回家。

阿尔的父母听了阿尔叙述当天发生的事情后说：“那是因为你做得太过分了。如果你觉得地下室的实验室不方便的话，可以利用光线好的顶楼。”

“对，就在顶楼做好了。如果失败了，最多只是把屋顶弄坏，总不会烧掉火车。”

阿尔的父母尽量安慰和鼓励着阿尔。

很多《爱迪生传》都写爱迪生的耳朵是被车长打聋的，这并非事实。这位发明家到了晚年自己写道："列车失火后数日，我在史密斯·格里克站的月台卖报纸，火车开动了，当时我急急忙忙想上行李车，可是因为双手抱着报纸，爬不上去，当时管行李的人便伸手抓住我的双耳拉我上车，那时候我觉得耳朵里面好像有什么断了的声音，从那时起，我的一边耳朵就聋了。不过这也许是神所赐，因为听不到周围的杂音，我反而更能专心做事。"

阿尔在少年时代，又办报又开店，还做化学实验，这些都是大人们做的事情，但是他毕竟还是个少年，所以也常常玩些孩子们的游戏。

其中之一就是玩"电报游戏"。

当时，著名的撒姆尔·摩尔斯发明的有线电报已经普遍使用，美国小孩们对它感兴趣的很多。

阿尔和朋友在参观过电信局之后，突然对电报也产生了兴趣。

背景知识

电报的发明

电报（telegraph）是通信业务的一种，是最早使用电进行通信的方法。它利用电流（有线）或电磁波（无线）作载体，通过编码和相应的电处理技术实现人类远距离传输与交换信息的通信方式。

电报大大加快了消息的流通，是工业社会的一项重要发明。早期的电报只能在陆地上使用，后来使用了海底电缆，开展了越洋服务。到了20世纪初，开始使用无线电拍发电报，电报业务基本上已能抵达地球上大部分地区。电报主要是用作传递文字讯息，使用电报技术传送图片的则称为传真。

19世纪30年代，由于铁路迅速发展，迫切需要一种不受天气影响、没有时间限制又比火车跑得快的通信工具。此时，发明电报的基本技术条件（电池、铜线、电磁感应器）也已具备。1837年，英国库克和惠斯通设计制造了第一个有线电报，且不断加以改进，发报速度不断提高。这种电报很快在铁路通信中获得了应用。他们的电报系统的特点是电文直接指向字母。

与此同时，美国人莫尔斯也对电报着了迷。他是一位画家，凭借他丰富的想象力，不屈不挠的奋斗精神，实现了许多人梦寐以求的目标。在他41岁那年，在从法国学画后返回美国的轮船上，医生杰克逊将他引入了电磁学这个神奇的世界。在船上，杰克逊向他展示了“电磁铁”，一通电能吸起铁的器件，一断电铁器就掉下来，还说：“不管电线有多长，电流都可以神速通过。”这个小玩意儿使莫尔斯产生了遐想：既然电流可以瞬间通过导线，那能不能用电流来传递信息呢？为此，他在自己的画本上写下了“电报”字样，立志要完成用电来传递信息的发明。

回美国后，他全身心地投入到研制电报的工作中去。他拜著名的电磁学家亨利为师，从头开始学习电磁学知识。他买来了各种各样的实验仪器和电工工具，把画室改为实验室，夜以继日地埋头苦干。他设计了一个又一个方案，绘制了一幅又一幅草图，进行了一次又一次试验，但得到的是一次又一次的失败。在深深的失望之中好几次他想重操旧业，然而，每当他拿起画笔看到画本上自己写“电报”字样时，又为当初立下的誓言所激励，从失望中抬起头来。1836 年，莫尔斯终于找到了新方法。他在笔记本上记下了新的设计方案："电流只要停止片刻，就会现出火花。有火花出现可以看成是一种符号，没有火花出现是另一种符号，没有火花的时间长度又是一种符号。这三种符号组合起来可代表字母和数字，就可以通过导线来传递文字了。"

我们现在看起来是多么简单的事啊！但莫尔斯是世界上第一个想到用点、画和空白的组合来表示字母是多么不容易啊！这种用编码来传递信息的构想是多么伟大，多么奇特！这样，只要发出两种电符号就可以传递信息，大大简化了设计和装置。莫尔斯的奇特构想，即著名的"莫尔斯电码"，是电信史上最早的编码，是电报发明史上的重大突破。

莫尔斯在取得突破以后，马上就投入到紧张的工作中去，把设想变为实用的装置，并且不断地加以改进。1844 年 5 月 24 日，是世界电信史上光辉的一页。莫尔斯在美国国会大厅里，亲自按动电报机按键。随着一连串嘀嘀嗒嗒声响起，电文通过电线很快传到了数十公里外的巴尔的摩。他的助手准确无误地把电文译了出来。莫尔斯电报的成功轰动了美国、英国和世界其他各国，他的电报很快风靡全球。

19 世纪后半叶，莫尔斯电报已经获得了广泛的应用。

既然玩电报游戏，就要准备好相关的材料工具，由于没有出售这一类材料的商店，所以什么都得自己做，但做线圈的细丝和做键盘的金属片倒有现成的可用，绝缘器则可利用玻璃瓶，其中最困难的便是电源。

阿尔知道猫的毛朝相反方向摩擦就能产生电，所以马上把家里的猫抓来。

不过，猫经过他用力摩擦后，奋力地挣脱了他的手逃走了。

“用猫还是不行。”

阿尔再去查书，自己动手制造简单的电池。这种电池需要用硫酸、硝酸等药品，这些东西在他的实验室里都有，所以没有问题。

电池做好后，他从迈克家牵来电线，于是便开始制作电报游戏了，可是他又碰上一件困难的事。

阿尔每天早上 6 点出门，晚上 10 点多才回家。因此，玩这种“电报游戏”差不多要到 11 时。而父亲关心阿尔的身体，规定他晚上 11 时一定要睡。

如果这样，还能玩什么“电报游戏”呢？于是阿尔又想了一个计谋。他知道父亲每晚都要看他带回的《底特律自由报》，于是便动起脑筋来。

有天晚上，阿尔故意不带报纸回家。

“阿尔，今晚没有报纸吗?”

正如阿尔所料，父亲好像很失望，于是阿尔赶快说：“我把报纸放在迈克家，忘了带回来，不过没关系，我现在马上为你问新闻好了。”

“问新闻？怎么问?”

父亲觉得莫名其妙。

“这没问题，我做了一架电报机。”

爱迪生发明的电报机

阿尔带父亲到顶楼去，马上开始通信。

因为事先已经和迈克约好了，所以对方马上回电。最先是战场的消息，再来是议会的新闻，以及加州发现新油田等等……阿尔把它写成文章。

“啊！这真方便。”

撒姆尔佩服地看着新闻。等通信完成后，他将阿尔所做的电报机拿起来看了老半天。这架电报机的键是利用黄铜发条做成的，电磁石是用布将电线的铁丝包起来制作的。虽然很简陋，但一个小孩子能够制作成这样已经不容易了。

父亲大感惊叹。

“计谋成功，明天还要麻烦你。”

阿尔得意地和迈克通信。当然，父亲并不知道他在发些什么信号。

撒姆尔突然看了一眼墙上的挂钟，已经快到凌晨1点了。这时，做父亲的也不能再骂自己的儿子了。

从这以后，阿尔每晚都和迈克玩“电报游戏”。

可是过了没有多久，跑进果园的牛将电线弄得乱七八糟，“电报游戏”从此也就停止了。

关于摩擦猫毛发电的事，后来有人认为不可能。像阿尔那样有学问的人，怎么会想到用猫来生电？这一定是谎言。

后来曾经有人问这位发明家，这件事究竟是真是假。发明家笑着说：“我少年时代的事情传说很多，有些事情连我自己也不晓得。那时候，究竟有没有摩擦猫毛生电我不记得了。总之这是几十年前的事情，不过，或许擦过也不一定。不管怎么样，那时候的我，确实是个很顽皮的孩子。哈哈哈……”

阿尔对拖动火车的机车头构造也很感兴趣。

设在波特·休伦的大干线铁路机械工厂，他经常去参观，他在火车上时，只要有空就会跑进驾驶室，向火车司机探问锅炉或齿轮构造的问题。

了解这些之后，阿尔就想自己有机会也试开一下机车。

“一下就好，让我开开好不好?”阿尔时常这样请求司机。

司机每次都会说：“不行，小孩子开太危险。”

可是有一天，阿尔进到驾驶室时，司机却对他说：“从这里向前，有一段路是直的，你可以开开看。”

阿尔很高兴地就动手开起机车来。

“昨夜，我跳舞跳得很晚，非常想睡觉，我先去睡一会儿，你好好开呀。”

司机跑到后面去，马上就睡着了。

那时候的列车共有七节车厢，以每小时十二公里的速度行驶。对阿尔来说，这是头一次开车，自然觉得很好玩。

没多久，锅炉里的水流出来了。阿尔知道如果没有水，锅炉就会爆炸。

阿尔惊慌地去叫司机，睡熟了的司机却没有想要起来的样子。

“好吧!”

于是，阿尔大胆地将阀门关紧，使蒸汽减少，这样虽然火车速度减慢，但水也流得很少了。

阿尔放下了一颗心，可是没多久，又从烟囱喷出泥水样的东西，弄得机车和阿尔一身漆黑。

过了一会儿，泥水不再喷了，直到这时，司机还没醒来。

阿尔下定决心把火车开到终点。

如果这样，他想到有一件事需要去做，他曾看到司机不时打开油瓶加油，阿尔心想也该加油了吧。

阿尔打开油瓶的时候，差一点被蒸汽吹倒。

好不容易加好了油，盖好盖子，人也非常疲倦了。

后来司机对阿尔说：“打开油瓶的时候，先要把蒸汽关好。”

喷出黑泥水是因为锅炉里的水增多，使得煤和油都给压出来了。

阿尔不知道这些事情，一直让蒸汽去吹，吹得浑身漆黑。火车到了终点站，当站上人员发现一身漆黑的阿尔时，一个个忍不住大笑起来。

阿尔回到家里，见了母亲，母亲一时也呆住了，不知说什么好。

母亲听了阿尔的话后，吃惊地说：“危险，太危险了！小孩子开火车，万一发生什么事怎么办？那个让你开车，自己去睡的司机也不对。”

阿尔却满不在乎地说：“不会有事的，妈妈。虽然今天失败了，可是我学会了不少东西。”

少年电信局长

1862 年 8 月的一天，火车到达克勒孟斯山站，阿尔从月台走向站长室。

火车要在这个站换货车，所以需要耽搁半小时。站长麦肯基因为兼管电信，所以和阿尔很要好。

两人正站在阴凉处谈话，阿尔无意中看到站长两岁的儿子吉米在轨道上摇摇晃晃地走着，而他后面正有一列货车快速地驶来。

阿尔赶快把手中抱着的报纸丢下，箭一般地奔向轨道上救出了吉米。刚刚救出这孩子，货车已从阿尔背后急速掠过，真是千钧一发！

站长也跑了过来，他紧紧地握住阿尔的手，一时竟不知说什么好，只是流着眼泪向他表示衷心地感谢。

过了些时候，站长对他说："阿尔，谢谢你，你是吉米的救命恩人，不知怎么感谢才好！如果我是个有钱人，我会送一笔钱给你。遗憾的是我不是有钱人，可是我还是想替你做点什么。"

"站长，我只是做我所应该做的。"

"不能这么说，你不顾自身的危险救了吉米。"

第二天，火车再次靠站，站长就跑过来说："阿尔，我想了一个晚上，你总不会打算卖一辈子的报纸吧！怎么样，你想不想学电信技术？为了感谢你，我把我所会的都教给你，等你学会了，我来想办法让你进铁路局工作。请你考虑看看，这是我唯一能做的答谢方式了。”

阿尔那时已不再发行报纸，而是自己看书研究电信，所以很高兴地接受了站长的建议。

“站长，那就拜托你了。”

“那很好，这样我才能心安。你的双亲不会反对吧?”

“绝对没有问题，我的父母对我所做的都不反对。”

此后，每隔一天，阿尔就在这里的站长室跟站长学习电信技术。当阿尔学习电信的时候，别的少年就替阿尔卖报纸。

阿尔因为对电信已有相当的知识，所以进步很快。学了三个月，麦肯基已没有什么可教他的了。

麦肯基后来形容阿尔学习时说，他就好像干海绵吸水，使教的人因为知识缺乏而惊慌。

正式成为电信员的阿尔，辞别了工作多年的大干线铁路局，在波特·休伦镇的药房二楼开设了一家电信局。

15 岁的阿尔当了局长，他从自己的电信局到波特·休伦站间的一公里半区间内架设了电线，从事这区间的电报工作。也就是说，镇上的人不必再走一公里半到火车站，只要到阿尔的电信局拍发电报就可以了。

开设电信局后，首先要请波特·休伦的站长来检查电报机。

“怎么样？站长，这个机器不坏吧?”

“不错，你从哪里买来的?”

“我自己做的。”

“什么？你自己做的?”

“是的，我借用底特律手枪工厂的机械设备自己做的。”

站长对此大感惊奇。

阿尔的电信局虽然开张了，可是生意并不好，并不是因为他是少年，镇上的人不相信他的技术，而是这个小镇上早已有了另一家电信局。

另一家电信局开在卖宝石和钟表店的华克家二楼，由华克的弟弟负责。

没多久，华克的弟弟当兵了，华克跑来找阿尔说：“阿尔，这小小的镇上只要有一家电信局就够了，你把这边的结束，到我局里来工作，我给你月薪二十元如何?”

于是，阿尔结束了自己的事业，受华克雇用。

电信局虽然只剩一家，可是工作并不忙。因为太闲，阿尔就常常在事务所做自己喜欢的化学实验。

华克为这事不太高兴，心想：拿了人家的薪水，做起自己的事情，总不是滋味。同样，阿尔也觉得没趣。

这时，麦肯基站长对他说：“现在的工作对你是大材小用。加拿大的史屈特·福特站需要一位电信技师，你想不想去？月薪比这里多五块钱。”

“只要工作愉快，我就去!”

于是阿尔便辞去华克电信局的工作，到史屈特·福特站做事，月薪是二十五美元。

这是 1863 年初的事，当时的爱迪生只有 16 岁。

他终于成为了一名青年电信技师。

四处漂泊的电信技师

爱迪生曾下定决心，虽然自己已经成为火车站的电信技师，但还要继续念书。因此，他选了人们不愿担任的夜间工作。

夜间工作的时间是从晚上 7 点到第二天早上 7 点，白天休息。

他就利用白天，在自己租住的公寓里研究电信原理。

著名的莫尔斯自 1835 年发明电报至今已过了二十八年，但通信方法仍然毫无进步。

爱迪生由于白天不是看书，就是做实验，以致到了晚上便想睡觉。如果事情忙，倒也可以消除困倦，但如果很闲可就不行了。

铁路局为了防止夜勤的人睡觉，规定每隔一小时要发出“六”当作信号。

只要每隔一小时发出这“六”的信号，就算打打瞌睡也没关系。

爱迪生想到一个妙策。

他从镇上买来一架闹钟，用长针接上电报机，只要长针碰到电报机，就能自动发出“六”的信号。

这种装置虽然很简单，但对爱迪生来说却是他的第一项发明，现在仍被多方面应用。譬如说公共电话投下硬币，就能打通，便是应用这项原理设计的。

爱迪生发明这项装置后，如果没事，夜里就在电信室打瞌睡。

总局里管电信的摩斯先生，看到爱迪生所发信号每隔一小时一秒也不差地发出来，觉得这不是一般人所能办得到的，心里十分佩服爱迪生严守时间的工作作风。

有一天，这件事终于暴露了。

爱迪生的信号发出没多久，摩斯因有急事，发出呼叫。可是毫无反应，叫了几次也没有用。摩斯心想奇怪，也许有什么事情发生。

摩斯跑出事务所，跳上轻便车开往史屈特·福特站，他从窗口往电信室看，起先，他还以为爱迪生死了。

当他确认靠在椅子上，精疲力竭正在睡熟的爱迪生并没有死，只是睡得像死人一样时，摩斯由不安而变为愤怒。

他打开了门，冲了进去，想好好揍他一顿，这时他突然发现，桌子上有个奇怪的东西。

电报机和时钟有一条铁丝接连着，钟的边缘有个刻纹的回转轮，摩斯仔细注视着这项奇妙的装置。

过不了多久，钟的长针指到11点，机械就像活人似的，自动拍发出“六”的信号。

哦！难怪呢！摩斯的疑问顿消。

“爱迪生!”他用力摇动爱迪生的肩膀。

睁开睡眼的爱迪生发现站在面前的摩斯，吓了一跳。心想，这下子完了！

这时候，爱迪生似乎已经知道了自己的命运。

“爱迪生，你不能为了自己的发明而对不起铁路局。你是拿薪水的，这项发明确实不错，不过规则一定要遵守，你不遵守规则而睡觉，所以要被免职。”

摩斯虽然生气，心中却很佩服爱迪生发明的巧妙。

爱迪生十分后悔为什么没有装置那种遇到对方发来电信，就可让时钟闹响的设备，可是现在后悔已太迟了！

就这样，他为这一项发明，从史屈特·福特站被赶了出来。

摩斯虽然撤了爱迪生的职，但很欣赏他的才能，又替他在加拿大另一个站的沙尼阿站找了个电信的工作。

爱迪生到沙尼阿站就职没多久，便碰到一件大事。

有天晚上，从本局拍来快报，命令行驶中的货物列车马上停驶。

“遵命!”

回电之后，阿尔马上跑出去找信号手，可是信号手不知道到哪里去了，还没找到信号手，货车却已急驶而过。

“糟了!”

他赶快回到电信室拍电报给本局：“货车已经通过。”

“那会造成相撞事故的。”

对方就这样切断了电报，爱迪生感觉到本局的惊慌，而轨道又是单轨，由于这边回答“遵命停车”，本局才让对方列车开行。

“会撞车的!”

爱迪生想去追货车，因此拼命向前奔跑。

外面很暗，一不小心，爱迪生掉到深沟里而摔得昏迷不醒。

幸好这两列车互相发现对方的前灯而紧急刹车，从而避免了撞车事故。

事件发生后，爱迪生被叫到加拿大多伦多市的铁路局去。

“责任不在我一人，如果被免职了，我只好到其他铁路局去。”他想得很乐观。

可是总经理把这件事说得很严重：“你的责任很重，因铁路职员不小心而引起乘客生命或财产损害的发生，要服刑五年，为了使其他职员有所警惕，我们将要采用这条法律，你有什么话说吗?”

听说要送他去服刑五年，爱迪生吓呆了。

“那太过分了。”

于是，爱迪生特别详细说明了那天的情形，总经理也用心细听，这时候来了两位英国人。

总经理马上站起来，接待他们到隔壁房间。

“要逃，就是现在!”

爱迪生这么想着，便偷偷地逃离总经理办公室，跑到多伦多站。当时开往沙尼阿的货车正要出发，他就爬上这列车到了沙尼阿。可是，只要是在加拿大就仍有被捉的危险，因此，他又随即乘船离开国境，逃回父母所住的波特·休伦镇。

爱迪生从1864年到1868年的这四年间，在广阔的美国境内到处流浪——也就是他17岁到20岁的这段期间。

虽说流浪，却不是到处游手好闲，而是担任电信技师，从这里到那里。那时候，美国因为南北战争有一千五百名电信技师被征召入伍，所以他到哪儿都不愁没有工作。

这四年中，阿尔总共换了十个工作地点。其中五个地点被免职，有五个地点是自己辞职不干的。

为什么这样？理由是为了学习。阿尔不管到哪里，只要有钱就买书，只要有空就学习。

为了学习，他不选地点和时间，也不管是哪一个电信局，只要有空就看书，所以雇主们都不太高兴。

阿尔很爱买书，有一次为了买书差一点被警官射杀，那是他在路易斯维尔镇工作时候的事。

那天已经很晚了，阿尔从电信局下班返回住所途中经过一个旧书店，他看到《北美评论》二十册只卖两块钱，他便用口袋内仅有的两块钱把它买了下来，可是太多了，没有办法拿，他只好向书店老板暂借了一只大袋子，把书装进去背在背上。

走了没多久，刚进入暗巷，突然一发子弹从他耳边擦过。

“奇怪!”

他回头一看，一名手里握着枪的警察一边大声叫着“小偷”一边跑了过来。爱迪生自己也以为附近有小偷，因而就到处张望。

“把袋子打开!”

警察抓紧他的肩膀，他这才知道警察是拿他自己当小偷了。

“我不是小偷，这是买来的书，我要背回家去。”

警察仔细查看了袋子里面的东西。

“不错，是书，可是刚刚我叫你的时候，为什么不停下来?”

“我不是小偷，我还以为附近有小偷呢。”

“你的运气不错，没有被击中，平常我的枪法很准的。”

警察背起阿尔的大袋子对他说：“为了表示歉意，我替你背回家。”

不久以后，在一个镇的电信局，爱迪生又被免职了。

有一天，他正在电信室隔壁房内做实验，一不小心，打翻了硫酸，漏到地上的硫酸把经理的桌子和贵重地毯烧坏了。

经理很生气地对他说：

“爱迪生，本局需要的是电信技师，不需要实验家，到会计处领取你的薪水走路吧。”

在电信局任职期间的爱迪生

于是他换了另外一个工作地点，因为非常清闲，他在工作时间内照样看书，结果又被上司发现而将他免职。

在密西根州的阿特里安铁路局工作的时候，有一个晚上，上司要他拍发特急电报，可是线路没有空。

“特急电报，请空出来一下，好么?”爱迪生想要对方帮忙。

“不行！我们正在使用。”

对方既不肯让出来，爱迪生便把正在通讯中的电流切断，径行拍发自己的电报。不巧这次他切断的对象，正好是这地方电信区的分区长。

因此，爱迪生又被免职了。

不过他也有非常愉快的日子。

爱迪生刚到墨菲斯电信局工作的时候，这个局正和圣路易电信局举行电信速度比赛。

最初，墨菲斯的局员们想捉弄阿尔，看看这个乡下人到底有多少本领。

“爱迪生，你先接收。”

“好的。”

他坐在接收台前，圣路易电信局想吓吓他，选出速度最快的电讯员，用最快的速度拍发过来，连老练的电讯员都觉得太快了，大家心想，爱迪生很快就会没有办法招架。

可是，爱迪生一点都不在乎，对方虽然越来越快，爱迪生却不慌不忙地处理着。

接着，换墨菲斯局拍发。电讯员想替换爱迪生，爱迪生却说：“没有关系，我来拍。”

他就开始发信。

他所发出去的速度非常快，在旁边观看的电讯员一个个目瞪口呆。

圣路易电信局没办法接收，结果，墨菲斯局当然获胜。

爱迪生在墨菲斯局的工作也没有做多久，那时他正构想利用同一电线往不同的地方同时发信的方法。

有一天他跑到局长柯尔面前，请求给他做这项研究的时间。构想虽然很好，但不会说话的爱迪生没有把理论说清楚，因此，柯尔局长发怒说：“爱迪生，一条电线不能同时做两种工作，这样的道理连小孩子都知道，你想做就请到别的地方去做吧。”

就这样，在电信局颇受好评的爱迪生又被免职了。

爱迪生在各地转来转去，转到辛辛那提镇的时候已是冬天了。他连一件大衣都没有，口袋里也一文不名。

在当时不管哪间电信局，差不多每月都有七十美元的薪水。阿尔除了付房租，其他的不是买书，就是做实验花掉了，没有一点积蓄。

可是只要提到“电信技师爱迪生”，在电信界则无人不知。阿尔来到这个镇上的“西部联合公司”找工作。

“你是爱迪生？那没有问题。”

于是他当场就被录用了。

工作没有什么不同，爱迪生在这个局结交了一位好朋友，名叫亚当姆斯，他比爱迪生年长，也是一位很好的电信技师。

到了春天，亚当姆斯要转到波士顿市电信局去。

“怎么样，要不要和我一起去?”亚当姆斯邀爱迪生一同去。

可是，阿尔有另一套计划。当时南美还未开发，那儿正有无限的财富等待开发，所以他想去南美。

他这种富于冒险精神的想法，其他两位同事也深表赞成，于是大家决定一起走。

要去南美，必须先到南方的纽奥尔良港，这中间需要作数百公里的长途旅行。可是三个人钱不够，只好一半乘车，一半徒步了。

虽然这样，对三个青年来说，既然怀有到南美的梦想，旅途上也就不觉得太苦了。

好不容易到了纽奥尔良港，不巧的是到南美的船已经早一天启航了，下班船还要等上一段时间。

三个人站在码头上，正不知怎么才好的时候，有一个西班牙人经过，这人是从南美载运水果来的货船船长。

“你们三位好像是想去南美，是不是?”船长这么问。

“你怎么知道的?”

“哈哈哈……在这码头徘徊的一定是想去南美赚一笔钱的人。”

“是的，船长，请你带我们到南美去好吗?”爱迪生认真地拜托他。

“不行!”

“为什么?”

“缺少考虑的年轻人，以为只要到了南美，就有很多赚钱的机会，那可大错特错！开发南美，可能还需要十年以上。目前，美国倒有较好的机会，我每次看到像你们这样怀着南美热的青年就想办法阻止他们。”

西班牙船长告诉他们种种有关南美各国的情况。船长的话，只有爱迪生一人听从，他决定放弃南美之行。

爱迪生和同行合影

其他两人还是搭乘下一班船到了南美，不料上岸不久就先后患黄热病死了。

如果当时爱迪生跟他们一起去的话，也许电灯等几项大发明就不知何时问世了。

没有到南美的爱迪生，返回波士顿找到了亚当姆斯。亚当姆斯非常欢迎他，替他介绍了“西部联合公司”分公司的工作。

亚当姆斯对公司经理说：“我为你介绍全美国拍发电信速度第一快的人，请您雇用他。”

“那样好的电讯技师还有什么话说？带来看看吧。”

当亚当姆斯带着爱迪生到电信局去的时候，在场的人都忍不住发笑。因为爱迪生到波士顿途中遇上大雪，列车抛锚，一身都弄得污秽不堪。而且这样冷的天气，爱迪生没有穿大衣只穿了件破风衣，脚上的皮鞋好像几个月都没擦过，头上戴的帽子也是南方军人戴的那种宽边帽，而且很破旧，走进房子脱下破帽，头发好像一星期都没梳过，显得乱七八糟。

那时候各地的电讯技师，就像是到处流浪的艺人，多半都不注意穿着。

这位经理由于听到亚当姆斯夸赞爱迪生是“美国第一的电讯技师”，所以急着想看看爱迪生究竟是怎样的人，见到他这副模样倒真给愣住了！

“你就是爱迪生?”

“是的。”

“那么，今晚 7 点钟请再来一次。”

到了约定的时间，等爱迪生再到电信局时，经理已经准备好了。他说：“从纽约拍来给波士顿环球报社的电讯，让你接收。”

“好的。”

爱迪生立刻拍出“准备好了”的信号，于是从纽约方面以惊人的速度拍来了电报。

这是一千多字的新闻，经理为了要试试爱迪生的能力，事先向纽约局说好要由最快的电讯员拍发。

爱迪生忽然发现自己周围有好多人围着他看，他明白了这是怎么一回事。

爱迪生一年前就有过电信竞赛的经验，因此，他一点也不紧张。

30分钟——1小时——1个半小时，快速的电信，一刻不停地拍来。

爱迪生接收之后，写成了普通文稿，没有半点错误。

青年时代的爱迪生

经过两个半小时到3个小时的接收，周围的人无不表示惊奇。

“也许他真的是全美国第一。”有人这样说。

快到12点时，长长的电信终于接收完毕。这将近4个小时的快速电信，爱迪生处理得非常好。

到最后30分钟，纽约局的电讯员大概已经累了，速度慢了下来，知道原因的爱迪生等对方停下来，马上回电过去：“想睡觉了吗？睡一觉再拍来吧。后面的像是用脚拍发的呢!”

他完全不把这次接收当作一回事，竟嘲笑纽约最好的电讯员是用脚拍发电报的，连经理也吓了一大跳。

当时看不起他的衣着的人马上改变了态度，人人尊敬他，想和他做朋友。

当然，工作上已经没有问题，爱迪生因为想在白天看书，所以特意选上夜班。

“美国第一的快速王，让他做夜勤未免可惜!”经理这么说。

爱迪生因为和亚当姆斯住在同一栋公寓，所以友情更为深厚。早上他从电信局回来立刻就看书，那是法拉第有关电气方面的书，内容都是他所喜欢的实验，因此看得入迷，每天睡眠不到4个小时。

“不要太用功了。”

亚当姆斯不放心地提醒他，他自己倒不在意。看完一章立刻动手做实验。因为这样，最后常常连睡觉的时间也没有了。

爱迪生在波士顿电信局的时候，利用他的发明才能，又把局员们吓呆了。

那时候不只是波士顿，不管在哪里，建筑物大半都很脏，尤其波士顿电信局。这里因为以前是餐馆，里面生了很多的蟑螂。当局员们吃饭的时候，它们时常会爬出来。

爱迪生对同事们说：“你们好像很喜欢这些虫子。”

“什么喜欢？那是没有办法呀!”

“那么为什么不消灭它?”

“如果可能，还会让它到处爬么?”

第二天，同事们来上班时，看见地上和桌上到处都是蟑螂的尸体，这是因为爱迪生预先在各处通上了电流的缘故。

“这真是奇妙的发明!”

“到底是什么人想出来的?”

有人说：“这是爱迪生今早回家时弄的。”

“他可能真有发明的天才。”

听到这件事的记者把它刊登在了报纸上。

由于局员们曾经对别人说他接收从纽约来的快速电信，整整4个小时一句也不出错，又说他是波士顿局第一的电讯技师，因此，“快速王爱迪生”的名气越来越大了。

看过报纸的波士顿女子中学马上邀请爱迪生去演讲有关莫尔斯式电报机。不善言辞的爱迪生谢绝过多次，对方还是不死心，最后爱迪生没法推脱，只好说：“如果和亚当姆斯同去，我就可以考虑。”

虽然答应了演讲，爱迪生面对那么多的女学生，站在讲台上竟连话也说不出来。

他走下讲台，让亚当姆斯上台演讲，自己则当助手坐在一边。

就这样，那天总算应付过去了。可是他却出了一身冷汗。

“即使给我一万元，也不再演讲了。”爱迪生后来这样写信告诉人家。

由于爱迪生的名字上了报，又发生一件麻烦事，这就是社会各方面纷纷向他请教电讯安装方法或电讯技术。

爱迪生最感觉不便的是，他担任夜勤，所以白天人们都跑到住处来找他，使他没有办法看书，也没有办法睡觉。

当时因为没有电话，业务很忙的公司和事务所都需要电信来进行通讯。

知道电信重要的他，尽可能亲切地教导别人。可是人们没有办法记住莫尔斯信号，不能记住信号就没办法做事。

爱迪生心想，也许莫尔斯信号有简单使用的方法。

经过反复研究，终于让他想到了一个新的方法。那就是利用A、B、C、D等字母做成号盘，转哪个地方就可以拍出信号。

这个方法和现在全世界使用的自动交换式电话机的原理一样。

爱迪生的这一新方法不管在哪家公司或事务所都很受欢迎。爱迪生除了为大家所熟知的发明外，像这种未公开的发明也很多。

第二篇　开创发明事业

如果你希望成功，就应该以恒心为良友，以经验为参谋，以小心为兄弟，以希望为哨兵。

——爱迪生

第一项发明

1868年，爱迪生已经是21岁的青年了。从17岁开始，用四年多的时间一直担任电讯技师，在全国各地跑来跑去，这段时间，他又不断地学习电气方面的知识。

这时候的爱迪生已经考虑到了自己的将来。他想，当一辈子的电讯技师没有什么意思，应该用所学到的电气知识，发明一些对世界有贡献的东西。

有一天他在报纸上看到刊载华盛顿国会的照片。图片中为了表决议案，几百位议员拿着赞成或反对的投票用纸由讲台周围轮流走到主席台前。

美国在三年前的 1865 年已经结束了 4 年的南北战争，林肯再度当选为总统，但他在同年 4 月 14 日却被暗杀了。

接下来是安祖·詹森总统（1865~1869 年）的时代，政治上仍然不稳定，每逢决定一条议案，总不断地有着赞成和反对的争论。

爱迪生看见报上的照片，突然想到一个办法。

国会议员们为了投票，浪费宝贵的时间是不值得的。如果议员们坐在自己席位上，只要按钮就能让议长知道的话，便不必浪费时间了。对了！我来着手发明这个东西。

对电气知识十分在行的爱迪生，从那天就开始了从事新的发明。

设计图完成后，他马上到波士顿市的一家电气机械工厂。工厂主人就是后来和贝尔一起发明电话的人。爱迪生在这人面前打开自己的设计图并加以说明。

“国会或州议会的议员们，对议案的表决实在不必轮流走到主席台前，只要使用这个机械，不需一分钟就可完成。到投票的时候，议员们只要按一下装在自己桌子上的开关，赞成的按右，反对的按左就行了。这时投票记录机立刻就能显出赞成和反对的总票数。”

“不错，这的确是很奇妙的构想。”

因为工厂主人自己也是电气专家，看看设计图，再听听说明就认定了它的优点。

爱迪生在这个机械工厂首先订制了一台，接着就去申请专利。

那是 1868 年 10 月 11 日的事情，到了第二年的 6 月 1 日，投票记录机的专利许可证终于办下来了。

爱迪生手里拿着专利许可证，高兴得跳了起来。这是爱迪生几百种专利许可证中的第一号。

“我要辞掉电讯技师的职务，以后要专心致力于发明。”

下定决心后，爱迪生马上辞去电讯技师的工作。

机器已经设计完成，也已取得了专利。剩下的只是如何把它卖给议会，可是现在的爱迪生，却没有了旅费。

爱迪生辞去工作后，因为自费订装了投票记录机，口袋里只剩下一点伙食费。他自忖：“不用担心，只要把这机械卖掉，就会有钱了。”

爱迪生只好向朋友借钱，又把书卖掉，设法筹足了旅费便兴高采烈地去了华盛顿。

国会议员们看过这部机器都很赞赏，爱迪生以为他们一定会向他订购，便得意地说：“以后使用这个，就可以使会议进行得更顺利。”

一直都没说话的议长，苦笑着说：“爱迪生，这确是煞费苦心的发明品，但国会不能采用，恐怕各地的州议会也不会采用。”

“为什么?”

“你还年轻，好像还不懂得这世界的许多事。议会里，不见得多数党的意见就一定对，常常少数人的意见反而较正确。那些少数人如果看到自己的意见将被否决，就会讨价还价，想办法拖延时间，不让它在会期中表决。这样，你的发明反而不方便。我身为议长，认为这种机器不能采用。”

爱迪生听了自然很失望，但也没有什么话好说。在回程时他心想："我的想法似乎太天真了！发明的东西如果不受大众欢迎，就没有意义了。"

回到波士顿市，等着他的是欠下的债。他最初想回到原来的工作地点赚钱还债，但再一想，债可以迟一点还，只要能加倍偿付就好，倒不如先发明一些更实用的东西。

幸好，他的好友亚当姆斯设法为他付了住宿费。

爱迪生第二次的构想是"股票市价显示器"，就是从股票交易所将股票的上涨下落立刻通知证券行。当时已有这类的机器，但是不很理想，爱迪生便设法将它加以改良。

那时候美国股票价格每天都有剧烈地变动，所以从事股票买卖的证券行和公司很多，谁都想随时了解股票上涨下跌的情形。

爱迪生这项发明不能说是大成功，不过想成为发明家的想法总算有了着落。

这时，爱迪生原来服务的那家公司经理来看他：

"你确实具有发明的才能，何必老是待在波士顿这样的小地方，不如去纽约了。我给你写封介绍信，你可以在纽约找到好机会的。"

爱迪生很高兴地带着这位经理给他的介绍信和身上最后所剩的五角钱，搭乘开往纽约的夜汽船。为爱迪生送行的亚当姆斯说："爱迪生，你决定离开波士顿，我也下决心去旧金山。"

就这样，本来同住一间公寓的两位青年，就这样分道扬镳各自东西了。

爱迪生到达纽约时已快天亮，大家正忙着准备上岸。

"这就是大纽约。"

爱迪生自言自语，注视着这个以后将左右自己一生命运的大都市。他随着人们挤进拥挤的人潮中，人们谁也没有料到身边这位寒酸的青年，两三年后会在纽约大大地出名。

爱迪生的口袋里已经一文不名，还没有吃早餐，肚子饿得咕咕地叫。

到那位分公司经理所介绍的“西部联合公司”还有一公里路程。眼前虽有铁道马车，但因为身上没有钱，他只好步行。

爱迪生心想：“到那边去，该可以借到饭钱吧?”

他走到一处大仓库前，有位商人正在喝红茶，红茶的香味使他忍不住停下来说：“对不起，可以给我一杯吗?”

“请吧。”

这位商人好心地给了他一杯红茶。

“这是刚从锡兰运来的红茶，正在试饮，味道怎么样？请不要客气地告诉我。”

“很不错，这样好的红茶我还是头一次喝到，谢谢你。”

这杯红茶就是爱迪生在纽约市的第一餐。

在“西部联合公司”，他见到了李察·哈金逊。

哈金逊就是爱迪生在波士顿电信局第一天工作的时候，由纽约拍发电报给他的那个青年，这位青年在纽约电信局也被称为“快速王”。

“爱迪生，欢迎你!”

哈金逊非常热情地欢迎他，并邀他共进午餐。吃饭的时候，爱迪生告诉这位新朋友，自己没有钱，要向他借一块钱，顺便问他：“这里有什么便宜的地方可住?”

“这附近的黄金行市显示器公司的电池室可以借住，我来替你设法去办理。因为是地下室，通风不太好，不过可以不必付钱。”

“那就拜托您了。”

爱迪生从这晚起便住在那儿。白天则到处找工作。

所谓“黄金行市显示器”就是将每天金价，通过总公司的显示器，送到三百家经纪人事务所内的小型显示器。

当时，所有物价都被金价所左右，所以这种显示器很受重视。

爱迪生在纽约的头三天就靠那一块钱过日子，到第四天手上只剩下一角钱了，他正愁明天不知怎么过呢。

突然这家公司办公室那边吵闹起来，原来是总公司的显示器坏了，不能报道行情，许多经纪人都跑来吵闹。时间越久，吵闹得越厉害，技术人员也找不出发生故障的地方。

爱迪生被朋友带到这个电池室的时候，朋友说：“一个名叫罗斯的老板，因为发明了这种显示器而变成了大富翁!”

爱迪生看了看显示器的构造，发现远比想象中的简单。心想：就这么简单！

然而这样简单的机器坏了，这家公司的技术人员竟没有谁懂得怎么修理。

爱迪生试着看了看机器，发现只是接触部分的发条断落在小齿轮之间而已。

于是他走到罗斯公司总裁面前，笑着说：“要修理这故障很简单。”

“那么，请你赶快修理，越快越好。”

总裁客客气气地请求爱迪生帮忙。

故障很快就修好了，显示器恢复了工作。放下了心的总裁邀请爱迪生到办公室，询问他的经历、电信知识以及怎么学会修理这种黄金行市显示器等等。

年轻时的爱迪生

爱迪生对答如流，听得这位总裁非常佩服。

“爱迪生，你愿不愿意担任本公司的器械负责人，也就是总技师？给你月薪三百元。”

22 岁当总技师，而且月薪能有三百，这真像在做梦！

“好的。”

爱迪生装着若无其事地走出总裁室，其实，这时爱迪生相当地高兴和兴奋，连膝盖都在发抖呢！

罗斯总裁拥有工学博士学位，后来当了密苏里大学的校长。当爱迪生接任总技师之后向他提出改良显示器的想法时，他马上就答应了。

发明“万能印刷机”

“黄金行市显示器公司”在第二年即 1869 年 9 月被西部联合公司所合并，爱迪生就辞去了总技师的工作，和同事佛兰克林·波普技师合作，共同开设公司，并于当年10月1日在报上刊登下面的广告。

电气技术及一般电信业务

——波普·爱迪生公司

这就是他们两人组合的公司，主要承办私设电信线工程。

爱迪生租住在纽泽西伊利莎白市的波普家，此外，他又在外面另外设有一间发明实验室，那是在离开住处相当远的地方的一位医生的诊所里面。

他后来形容当时的情形说："早上6点起床，7时乘车到纽约，在事务所工作到下午6点，然后和波普分手到实验室，在实验室从事发明的构想和实验，再乘凌晨1时的火车到伊利莎白站，步行一公里回到住所。冬天冷的时候，在途中常常差一点就给冻死，上床睡觉往往是凌晨2点了。"

就这样，他一天睡眠时间只有4个小时，结果3个月之后他发明了电信印刷机。

这项发明和黄金行市显示器不同，可以印刷数字。使用这项机械无需人来看管，而且还丝毫不会出错。

西部联合公司的总裁勒佛兹很高兴地买下这项新发明产品。爱迪生将这笔钱和同事波普平分，然后把两人合伙的公司解散。

正是因为有了公司，他就没有时间来做自己想做的发明工作。

和波普分手后的爱迪生，从早到晚都在实验室里从事研究发明。

不久爱迪生完成了使他更为出名的新发明——“爱迪生式万能印刷机”。

这种印刷机使用简便，不需要熟练技师操作，而且性能也很好。

爱迪生得到新发明的专利许可证后，西部联合公司总裁勒佛兹对他说：“请将万能印刷机的专利卖给我，价钱由你决定。”

爱迪生心想，这项新发明所费的心血、时间、材料和申领许可证的钱，该值五千元，可是他又担心五千元对方会嫌价格太高，那么只要三千元好了。

当他正不知该怎么才好的时候，这位总裁却先开口说：“四万元怎么样?”

“四万元?”

他简直不相信自己的耳朵。

“如果四万元接受的话，现在就可以照付。”

爱迪生像是梦呓般地连连答应：“好，好的，我卖。”

爱迪生结结巴巴地回答着，心里却扑通扑通地直跳。

正式写好契约书之后，总裁交给爱迪生一张四万元支票。这时爱迪生手上拿着支票仍不敢相信是真的。

他恍恍惚惚地来到纽约银行窗口，意外的事情发生了，银行出纳员一言不发地把支票推了回来。

爱迪生发怒了，跑回那家公司，对那位总裁大声地说：“你在欺骗我吗?”

勒佛兹总裁不知发生了什么事情，呆住了。等他将支票翻过来看了之后，吃吃地笑了起来。原来爱迪生不知道应该在支票后面签名。

勒佛兹总裁亲切的告诉他之后，为了慎重起见，还要他的秘书陪着同去。银行出纳听了秘书的话，不禁捧腹大笑。

不只这样，这位银行出纳想戏弄一下爱迪生，他把这四万元全以一元纸币交付给他。

窗口堆了差不多三十厘米高的钞票，那位出纳对他说：“请点收。”

没有带东西来装的爱迪生摇头叹气，可是又不能不接受。衣服上所有口袋全都装满了钞票，全身上下像个水桶似的。

好不容易回到住所，他把钞票藏在床底下，但又不放心，结果弄得整夜都睡不好。

第二天，勒佛兹总裁从秘书那儿听到这件事，虽然觉得好笑，但还是批评秘书说：“不能那样戏弄人家。”

好心的勒佛兹把银行存款的方法，详细地说给爱迪生听。

一年前的爱迪生不名一文，还在路边向人讨过红茶喝，现在已是拥有四万元的有钱人了。

自己开设工厂

爱迪生用这笔钱在新泽西州的纽瓦克建了一座工厂，专门制造各种电气机械。

勒佛兹总裁也向他订购机械，他所生产的“爱迪生式万能印刷机”，开头只有职工 18 人，可是后来每个月都要因为工作需要而增加人员，这些人员还忙得需要两班日夜开工。

因为日夜班都由爱迪生自己负责监督，所以每天睡眠时间仍然不到 4 个小时。

在前一年冬天，住在波特·休伦镇的父亲写信告诉爱迪生说他母亲身体不太好，希望他能回去一趟。那时，他因为“万能印刷机”的发明接近完成阶段，所以没有时间回去。为此感到不安的爱迪生，在工厂里利用空闲时间写了一封信回去。

母亲：

您老人家的健康情形如何？我终于盖了自己的工厂，职工最初只有 18 人，可是因为订货增多，又扩建了工厂，现在已有近百人了。

另外，新的工厂也在建造中，等建造完成后还需添用 50 名职工。我以后每个月都会寄钱回家，请放心。父亲那边，要他老人家不必太辛苦，请母亲多留意他的健康。我这边请放心，一点也不用忧虑。

50 岁的老母亲，信未读完已是热泪盈眶。她兴奋地对丈夫说：“你看看，阿尔不是自立得好好的吗？这孩子在小学只念了三个月就被迫退学的时候，你还为他烦恼呢，可是我一直相信他的能力，一点也不为他担心。阿尔今后一定会干些对世人有益的事情。”

“真的是太好了！”

父母看着爱迪生的信备感欣慰。

这个时候，爱迪生正在工厂拼命地工作。

有一次，他接了一个差不多三万元的通信机的订单。以他工厂的设备实力来说是有一定难度的，可是不认输的爱迪生仍然认为“没有问题”而一口答应下来。交货日子近了，他把优秀的职工聚在一间屋子里。

他说：“不等这宗货品完成，谁也不能出去一步。”

在 60 个小时的时间里，爱迪生和职工们几乎都没有睡觉，一直啃着面包在工作。

机械完成之后，爱迪生把门打开，对大家说：“回去好好睡一觉，睡醒后如果觉得在这儿工作不好，那么就不必回来了。”

可是还不到 24 小时，全部职工又都回到工厂来了。

职工们看到爱迪生对机械的优秀才能和本身率先做职工们两三倍的工作，打从心底里佩服他。

“我们老板，只有 23 岁，真能干!”

青年时代的爱迪生

爱迪生要求工人们不停地做，可是付的工资确实也比别家工厂高出许多。所以优秀工人都想到爱迪生工厂来工作。

爱迪生除了在工厂内制造机械外，一方面也努力进行研究发明，有时同时进行四十种以上的发明研究。

他经营这家工厂从 22 岁一直到 29 岁，前后共有 7 年。这段时间共完成了 122 种发明，并且都获得了专利许可证。

因为这些发明大都和电信有关系，所以他经常要到华盛顿的专利许可局去提出申请。

那里的官员说："那个青年来得太勤，许可局的石阶都快被他踩破了。"

查查美国专利许可局的记录，从爱迪生拿到第一号专利许可证的1868年到1910年，这四十多年里他总共申请了1328项专利。

平均每年申请32项，每个月要走三回。最多的一年是1882年，他获得了75项专利许可证。

这一年实际申请的是141项，平均每三天就有一项发明。141项申请，为什么只通过75项？理由是已经有人先有类似的发明，有时同时有好几个人做同样的发明，所以专利许可局特别慎重审查之后才予发给。

虽然如此，一年间获得75项专利许可证的记录也是别人无法做到的。

爱迪生在纽约开始办工厂的时候，订货常多到赶不出交货的程度。发明一件件完成，钱也应该增多才是，然而事实相反，他经常银行里存款不足，为到期支票而慌张。在技术上属于天才的他，对于金钱的管理却不在行。

最初他没雇会计，账目由自己负责。他的做法很简单，壁上装设两个钩子，一边是收入，一边是支出。

到了支出日，如果有钱就付钱，没有钱就写支票。他从来没有事先做过收入和支出的计划。

他对工人的工资从不耽误，手边一点利润也未剩下，和他有来往的银行看不过去了，第二年为他介绍了一位会计师。

这位会计师花费一个多月时间，整理他两年来的支出和收入，结论是有三千元的利润。

爱迪生很高兴地说："那真不错！应该庆祝一下。"

那天晚上他集合职工们开庆祝会，让他们好好地吃了一顿。

两天之后，会计师抓着头皮说："糟了！柜子里面还有付款书，重新计算一下，不但没有利润，还亏损了五百元呢!"

"不但没有利润，还亏损?"

爱迪生很失望，会计师也不放心，到处翻找，看看还有没有漏掉的收入。他连爱迪生的办公桌也翻过了，又找出好些可以收钱的字条。爱迪生因为工作太忙，常把重要的字据随手放过也就忘了。会计师高兴地跑去爱迪生那边报告："如果再没有遗漏的话，那么就有七千元的利润。"

爱迪生一时呆住了，过一会才说："专业会计师的会计也不可靠吗？一会说赚了，一会又说亏损，最后又说赚了，我都给弄糊涂了！以后把钱全部存进银行，该付的钱都付清。如果银行还有存钱，那就算是我们赚的了。"

电信机械的革命

当年爱迪生还在墨菲斯电信局工作的时候，因为电信太混乱，所以他想，不知道能不能用一条电线使双方同时拍发电讯？

那时，听他这话的柯尔局长说：“如果一条轨道，从两方同时开出火车，结果会怎么样，就连小孩也会想得到，你的头脑是不是有问题?”并为此把他免职了。

可是爱迪生一直不放弃这个想法，所以在纽瓦克研究所苦心地做这项研究。1870 年他终于完成了这项叫作“二重电信法”的发明。

使用同一条电线，如果双方都没有什么障碍，就可同时拍发电报给对方。这是因为在电线两端装置了那种只在同一形态下电流才会感应，其他形态则不会感应的磁石的关系。

这可以说是电信机械的革命，他在四年后的 1874 年又再发明了“四重电信机”。

因为这项发明，不但一分钟可以拍发 3500 句话，也节省了 1/4 的安装电线和维护费用。使得美国仅仅在电线的装设费上就节省了将近两千万元。

爱迪生虽然发明了“四重电信机”，可是要使它实用化，还需要很大的一笔费用，而且因为爱迪生一向采取大方的经营方法，借款增多，弄得工厂差一点被查封。

他想把这项专利卖给西部联合公司，试验的结果相当成功，所以这家公司先付了五千元作为购买专利的部分费用。

有了这笔钱也只能摆脱暂时的困难，仍然不够用。各方催讨的欠债仍然无法偿付。

西部联合公司惊讶于爱迪生的发明，心想，这样的机械如果被其他公司抢去就糟了！因此立刻和爱迪生签订契约，本意却不想再花更多的钱添购这项设备，老实的爱迪生一点也不知道这项诡计。

这时，有个名叫古德的人出现了，他对爱迪生说："爱迪生先生，您好不容易发明的东西如果不实用化就没有价值，四重电信机的制造公司权利卖给我吧，我出四百万元。"

爱迪生因为经营工厂和做研究需要很多钱，于是就又和他订了契约。

古德是和西部联合公司竞争的另一家大西洋与太平洋电信公司的大股东，一直计划将西部联合公司合并过来，他需要从爱迪生那里买下"四重电信机"剩下的权利。

这种用心险恶的计谋爱迪生怎么会知道？古德说是作为订金，付了四百万元中的三万元，余款一直不付。

古德的阴谋顺利地进行着，他利用爱迪生的发明把西部联合公司接收过来，从此美国的电信事业就被这个人独占了。

结果是古德想要怎样就怎样，电报费涨得再高，美国国民也只有忍受，因为根本没有其他的地方可以拍发电报。

爱迪生的本意是想使电报费降低，好让全国人民受惠，结果这项苦心发明，反而使得大家受害。

老实的爱迪生对这件事真正地生了气，因而告到法院去。官司打了 35 年，可是对这个会钻法律漏洞的古德，法院也没有办法，爱迪生一个钱都拿不到。

对爱迪生来说，最不甘心地是自己做了最好的电信发明，却只是让别有用心的古德大赚其钱。

"我是本着对世人有益的目的从事研究的，而不是为资本家赚钱而去发明。"爱迪生这么想，并决定此后再也不从事电信方面的发明了。

发明打字机

爱迪生将打字机改良成功，也是纽瓦克时代的大事情之一。

有一天，一位爱迪生所熟悉的新闻记者带了一个名叫克利斯多佛·索尔斯的人来说："请帮帮这个人的忙。"

索尔斯拿出木头做的打字机模型，这是他两年前因想发明打字机而做成的，可是怎么弄都不理想。

爱迪生经过仔细观察，发现字母排得有欠妥当，虽不理想，但不用手写而用手打的这种构想却很值得重视。

"索尔斯先生，这样还不能实际应用，但你来得正好。"

爱迪生将刚刚发明成功的"印字电讯机"给他看，这个机器是使电讯的接收不用记号写，而用罗马字印刷的。

"利用这个原理，你的发明一定会被全世界广泛采用，请把你的模型放在这里吧。"

"那就拜托您了。"

索尔斯很高兴地回去了。

这个模型经过爱迪生改良而成为很好的实用品，也就是后来全世界所使用的"雷明顿式打字机"。

打字机完成的时候，爱迪生得意地说："这样，写字的时间可以缩短，政府和公司的办事效率可以提高，不要多久一定会有很多人要买。”

可是事实上刚推出来卖的时候，要买的人并不多。

当时大多数的人都认为，书信应该用手写，才能让对方知道自己的诚意。如果用机器写信是失礼的行为！

可是用过的人都说：“这太方便了。”

于是，越来越多的人使用它。到后来，还出现了打字员这项专门职业，打字机的使用遍布到世界各地。

完成打字机的发明后，正想着手做其他研究的爱迪生接到一通令他忧急的电报：“母病危。”

母亲生病的消息已从家信知道，接到病危通知，爱迪生便立刻赶回家去。

爱迪生少年时代位于波特·休伦镇的家数年前因火灾烧毁，他的父母已经搬到附近的一个村庄。

好不容易赶着见到了母亲，母亲的头发已经全白。因病而消瘦的母亲，无力地睁开眼睛对爱迪生说：“是阿尔吗?”

“妈妈，您一定要好起来，我的工作才开始呢!”

他紧紧握住母亲瘦削的双手。

母亲低声叹息着说：“阿尔，我不行了！我会在天上看着你工作的。”

“妈妈!”

爱迪生泪如雨下，泣不成声。

对爱迪生来说，母亲比谁都重要。可是，现在这位他最敬爱的母亲即将离开人世了！

“阿尔，不要哭，你还年轻，以后也许会碰到更多痛苦或不愉快的事。可是你不能气馁，要有勇气面对希望。”

母亲好像教导小孩子似的，慈祥地鼓励他。

“妈妈请放心。您此刻所说的我决不会忘记。”

母亲欣慰地面带着微笑。

用无限的爱来教导爱迪生的老夫人，就这样在61岁时与世长辞了。

爱迪生将母亲埋在湖畔的小山上。

“以后一定要更加努力，这才是报答母亲的唯一办法。”做了这样决定的爱迪生，又回到纽瓦克的工厂。

背景知识

打字机的历史

18世纪后期，继英国之后，法国、美国、德国等国先后爆发了第一次工业革命，率先告别了以人力、畜力为动力的农业时代。

工业革命的奇迹始终与各式各样的“机”伴生伴长：从詹姆斯·哈格里沃斯发明的“珍妮纺纱机”开始，钟表匠凯依和木匠海斯创造了第一台水力驱动的纺纱机；修理工出身的詹姆斯·瓦特完成了他的第一台蒸汽机；工程师乔治·斯蒂芬森为世界上第一条铁路提供了“蒸汽机车”……

在机械化的喧嚣声中，为拼音文字书写铺路的机器迅速加入了合唱的行列，这是直接“威胁”到笔在书写领域之垄断地位的一种“写字机”。

美国“南北战争”期间，在北方重镇芝加哥稍北一点的密执安湖畔，坐落着美丽的港口城市——米尔沃基。北方军队节节胜利的喜讯不断传来，使身为报馆编辑的克里斯托弗·肖尔斯感到分外激动。

此时的肖尔斯，虽然时刻挂念着战局的发展，迫切期望用自己的笔尽快报道北军的战绩，但是，更令他不思茶饭的烦恼的事情，还是摆在面前的这架“小玩意”，也许它才能够帮助自己实现“梦笔生花”的夙愿。在倾注了肖尔斯与他的两位合伙人数年心血后，这构造精细的打字机，目前已进展到了研究的关键。

一排排的圆形按键，均匀地分布在机器的正面；稍有机械常识的人，都可以循着每一按键向内部观察——按键通过传动装置，连接着金属杆，而每根杆的末端，都刻写着一个美观的字母，一个可由按键控制向前“击打”的“字母笔”。

所有的构思巧妙之极，现代打字机就要呱呱坠地了。肖尔斯紧张地坐在桌旁，分开十指，快速地压下一个个按键。“咔嚓，咔嚓”，听上去还是那么刺耳。肖尔斯紧锁着眉头，按一下，停一下，纸上却印出了端正的字迹。“难道我的打字机只能一字一顿地断续打?”肖尔斯自言自语道：“那简直太可笑了。”

原来，问题就出在键盘上。按照常规，肖尔斯把26个英文字母，顺序地排列在键盘上，ABCD，然后是EFG……为了使打出的字迹一个挨着一个，这些按键不能相距太远。打字的时候，只要手指的动作稍快，按键连着的金属杆就会你挤我，我擦你，相互发生干涉现象。

肖尔斯“入定”般地坐着，心里越想越烦。“你想打快吗?我偏不让你快!”他找来一本字典，粗略地统计了英语中哪些是最常用的字母，然后重新安排了字母键的位置。他把所有常用字母之间的距离，都排到尽可能远一些，让手指移动的过程尽量延长。

反常的思维方法竟然取得了成功。手指、按键、金属杆，有条有理地连续运动。“哒哒哒……”肖尔斯激动地打出了一行字母，如同印刷字一样精美：

“第一个祝福，献给所有的男士，特别地，献给所有的女士!”

肖尔斯“特别地”把他的发明奉献给妇女。他可能想到，要为她们开创一种亘古未有的新职业——“打字员”。肖尔斯发明的这种键盘，从1860年一直沿用至今，因为该键盘第一行，从左至右排列着这六个字母。

1868年6月23日，美国专利局正式接受了肖尔斯与他的合伙人格利登、索尔共同注册的“打字机”发明专利。由于资金困难，他们把专利卖给了雷明顿军械公司。不久，市场上隆重推出著名的“雷明顿牌”打字机。

和玛莉喜结连理

因为慈母去世而处在悲哀中的爱迪生，不久就有了新的幸福来临。

有一天，他在中午吃饭时间从研究室出来，外面突然下起倾盆大雨，爱迪生拿着雨伞下楼，看见门口有两个年轻女孩在避雨。

“伞借给你们好不好?”爱迪生爽快地说。这两位小姐最初有点害羞，不敢搭腔，最后说：“那么，谢谢你了。”原来这是两姐妹，姐姐叫玛莉·史迪威，妹妹叫爱丽丝·史迪威，两姐妹都是附近学校的老师。

爱迪生喜欢姐姐玛莉的文静，有时也会到学校去看她。过了将近两个月，爱迪生对玛莉说：“玛莉，我的研究所需要助手，不知道你愿不愿意来这里工作?”

“我不知道做不做得来呢?”

“相信你一定可以愉快胜任的。”

从第二周开始，玛莉就到爱迪生的研究室工作了。玛莉的头脑挺聪明，关于研究发明也能了解一些，她最大的长处就是勤奋。

爱迪生为了研究，买了很多化学书籍，不只是美国出版的，还有伦敦、巴黎等地出版的，把研究室堆得满满的。

他每天都要查阅那些书籍，重要的地方还画上红线。玛莉的工作则是将那些画过红线的地方抄下来，按照顺序整理好。

玛莉十分佩服爱迪生，他看书时就在书房吃饭，晚上睡在椅子上，醒来又再看书。做起实验来，哪怕是一百次、两百次，也不断反复地做，绝不灰心。

爱迪生也很喜欢玛莉的勤快，两个人不知不觉互相爱恋着，1873 年的圣诞节他俩终于结婚了。

那时爱迪生 26 岁，玛莉只有 20 岁。

结婚典礼完毕，举行庆祝酒会的时候，爱迪生突然想起什么似的对大家说：“等我十分钟。”

说完就匆匆赶到工厂去了。

过了 1 个小时，还不见他回来，大家等不及就先开始吃饭了。等大家吃完，这时已过了两个多小时，爱迪生还没有从工厂回来。

“他到底在干什么?”

有一位朋友忍不住，跑去工厂看个究竟。结果发现爱迪生穿着新郎礼服正在埋头做实验。

“爱迪生，你把新娘都给忘了!”

“哦，对了!”

这时他慌慌张张地赶了回去。

蜜月旅行回来，爱迪生夫妇把家安在纽瓦克市的莱特街。

结婚之后，爱迪生照常工作，经常隔一晚或两晚不回家睡觉。

他常常开始工作就忘了时间，等他想起时，已经是凌晨 2 点或 3 点，于是就蒙起毛毯在研究室的椅子上睡觉。

玛莉因为非常了解丈夫的性格，所以并不抱怨他。爱迪生怕玛莉太寂寞，就时常叫爱丽丝过来陪她。

不久，爱迪生和玛莉生了一个女孩，取名玛莉安·艾斯特。他们的第二个孩子则是男孩。

“希望他和父亲一样卓越，就叫他托马斯·阿尔瓦·爱迪生好么?”玛莉这么说。

“哈哈哈……我有那么‘卓越’吗?”

爱迪生苦笑着同意了。可是“玛莉安”和“托马斯”叫起来嫌麻烦，因此就给长女起个外号叫“多特”，长男叫“德西”。

“多特”的英文是“Dot”，意思是“点”；而“德西”的英文是“Dash”，意思是“长横线”，这些都是莫尔斯电码所使用的符号。

“真是过分的爸爸。”年轻的玛莉一边哄小孩，一边笑着这么说。有了孩子之后，爱迪生有时也从工厂跑出来陪着孩子玩。

在工厂和研究室里很严格的他，一进入孩子房间就变成另一个人似的笑容满面，所以玛莉和工人们都很高兴。

“我们老板一年到头都不肯休息，我们正担心他的身体会吃不消，好在最近他常常陪孩子们玩。”

“一点也不错，老板陪孩子们玩的时候，说不定仍在思考些什么问题呢。”

爱迪生虽然自己生活在幸福里，但也没有忘记年迈的父亲。

在遥远的密西根州，自爱迪生的母亲过世后，独自寂寞地生活的爱迪生的父亲已是70岁的老人了。

爸爸，您愿不愿意到这里来和我们住在一起？孙子们都很欢迎爷爷能来。勤劳的爸爸也许看了这信会生气地说：“什么？我还可以工作，没必要依赖儿子生活！”这一点我也考虑过了，现在这里的研究所需要一位管理人员，周薪二十元。如果觉得和我们一起住不方便的话，就在附近另外找个地方住也可以。玛莉和孩子们都希望爸爸早些来。

爱迪生寄出这样一封情词恳切的信。

年轻时候非常顽固的撒姆尔，看了儿子这封充满感情的来信，立刻就写了回信：

我已决定到你们那边去，那是因为想看看两个可爱的孙子玛莉安和小托马斯。还有，就是那边也有我的工作，我虽然已经 70 岁，但还可以工作，决不愿麻烦你们夫妇。

年龄虽然大了的父亲仍然显得精力旺盛，爱迪生将父亲的来信给玛莉看。

“我小时候做些顽皮的事情，常被父亲打屁股，照这样看来，现在如果我呆头呆脑的话，也许还会挨揍。小时候常有慈祥的妈妈帮我解围，现在就要靠你帮忙了。”

“哈哈哈……”

玛莉禁不住也笑了：“真想看看大孩子被打的情形。”

父亲来了，爱迪生马上陪他去看工厂和研究室。

“这真了不起!”

爱迪生青年时代设在门罗公园的研究所的内观

父亲感到吃惊，因为这里远超过他所想象的规模。

“我以为只是个小小的工厂，没有想到有这么大的规模。像这样的工厂，如果你去世的母亲看了，真不知道有多高兴呢!”

“对于这件事，我也觉得很遗憾。我本想等再扩大一些才让母亲看的，可是没来得及！现在工厂方面进行得还算顺利，由于工厂越来越大，我最想尽力扩充的研究室倒越来越被挤在一边了，所以我想另建一座专门从事发明工作的大研究所。”

“这真没有想到！我还以为你的发明都已做完了哩。”

“爸爸！我的发明刚跨出第一步，一切才开始呢。”

在莱特街的家，两个孩子看到爷爷都很高兴。做祖父的每天或抱或亲，非常疼爱他们。

“不行，这样下去的话，我会变成孙子们的俘虏，赶快让我去做管理人吧。”

爱迪生完成打字机发明之后，又发明了“火灾警报器”“石蜡纸”“自动电气笔”等。研究室越来越显得狭小，所以他选了一块幽静的地方准备开始另建研究所。

新选的地址是新泽西州密德塞克斯郡的门罗公园，离纽约市约四十公里，那里是一片广大的牧草地，远离村庄，但附近有铁路经过的乡村小站。

门罗公园这个地方，后来由于爱迪生在这里完成了一项改变近代文明的大发明而出名。

第三篇　辉煌的成就

我所做的一切绝对不是来自偶然，所有的发明都出自实践。

——爱迪生

让声音传到远方

爱迪生在门罗公园的住宅

1876 年，爱迪生搬到了门罗公园的新研究所。

那是一幢长方形的楼房，南边有光线很好的长窗，楼上排满药品柜子。

离这座研究所不远的地方，建了座小

而舒适的三层楼住宅。宽广的庭院有一大片整齐的草坪，还有风车和马棚，这里是孩子们游戏的场所。

1876 年对于美国来说，真是喜气洋洋。美国独立刚好一百年，在第一次响起独立自由之钟的费城举办了世界博览会。

博览会陈列着过去百年来美国所发明出来的各种成果，其中当然也有青年发明家爱迪生的发明产品。不过到这里来看展览的人们，大概做梦也不会想到就在不久后，爱迪生设在门罗公园的研究所会发明出了电话、电灯、唱机、电影等等对人们生活有着巨大改变的东西。

爱迪生在门罗公园的新研究所首先发明的是电话。

那时他 29 岁。这位年富力强、朝气蓬勃的发明家，为了纪念新研究所的成立，非常热心的他想完成这种特别的新发明。

电话的原理在爱迪生出生的 10 年前，人们就已经知道了。同是美国人的柏基，发现只要在铁棒上绑上铁线，使电流快速地通过，这时铁棒就会因磁化或因失去磁力而发出声音来。

当时就连柏基本人也没想到后人会利用这项发现来发明先进的通话工具——电话。

到了 1860 年，德国人菲利浦·奈斯教授构想出使声音再生的接话机，虽然并不完善，总可算是一种电话机。但奈斯的发明品怎么都没办法使人的声音传送。

如果能使声音传送到远方，那么人的声音也就可以传送。要是在华盛顿能听到在纽约的人的声音该有多方便！

这样的构想在科学工作者之间常常成为聊天的话题。

爱迪生检查奈斯教授的机械之后，得出一项结论："这机械的缺点是断续电流，如果利用电流的强度使磁力变化，让铁板振动，一定可以传送人的声音。”

当他正为这事费尽心机的时候，另外有两位科学家也有同样的想法。那就是著名的亚历山大· G ·贝尔和艾立夏·古勒，虽然只是偶然，但是却已经有三个人从事这项研究竞争了。

爱迪生随着研究的进展，先在 1876 年 1 月 14 日向专利许可局申请了“许可权保护”。这是说，近日就要提出申请许可，请保留并不要接受相似的申请。

发明电话的贝尔

贝尔却在一个月之后的 2 月 14 日完成了这项发明，并正式申请了专利许可证。在同一天只慢两个小时的古勒也完成了发明，也正式申请专利许可证。

专利许可局对这三位申请人不知如何处理才好。因为爱迪生只是预告，而贝尔和古勒两人却已全部完成。虽然只差两个小时，电话发明的专利许可权最后仍然决定发给贝尔。

爱迪生听到专利许可局的决定，一点也不慌张，因为贝尔的电话是磁石型，要打电话，需要使用一种工具放在耳边和嘴边。而且声音很小，听不清楚，距离也不能太远，只能勉强在隔壁房间通话。

贝尔将自己发明的电话拿到当时正在费城举办的独立百年纪念博览会展出，因而大大地出了名。

贝尔向莅临参观的巴西总统说："请听听我的电话。"

他请总统把受话机放在耳边，他自己从隔壁房间对着送话机念了一段莎士比亚《哈姆雷特》里的台词。

"听得到，听得到!"

巴西总统很高兴，因为这件事，贝尔马上出了名。

不过学者们都批评说："要能在更远的地方听得到，而且没有杂音才实用。"

贝尔也知道这些缺点，所以苦心地进行改良。

几个月后，爱迪生的电话也终于完成了。他所发明的电话，发话机比贝尔的更为优越，叫作"碳素送话机"。

简单地说，就是一个会振动的有盖碳素盒，里面充满碳素粒子，由于盖子振动，就会碰到碳素粒，电流的强度就随之变化。

爱迪生的电话完成时，贝尔的研究也颇有进展。

经过对双方电话性能的测验，爱迪生的电话在纽约和华盛顿、纽约和费城之间的远距离通话，也可听得很清楚；而贝尔的电话，则声音很小并且听不清楚。

电话的发明人到底该算爱迪生还是贝尔？这问题翻来复去地被提出讨论，双方在法院争论了 11 年之久，最后法庭决定贝尔是电话的发明人，而使它实用的则是爱迪生。

西部联合公司想要爱迪生发明的送话器，希望能够出让专利给他们。

爱迪生因为亟需两万五千块钱，而且也认为他的这个产品也具备价值，心想，如果在两万五千元以下决不出让。

"爱迪生先生，十万元怎么样?"

令他意外的是，这个公司出的价钱比他所想的竟然高出四倍。

“好，让给你，不过有一个条件。”

“什么条件?”

“送话器的许可权有效期是17年，所以十万元不必一次付，每年付六千元，分十七年付清。”

对于这样的条件，这个公司大感意外，本来以为是很苛刻的条件，谁知现在每年只要六千元。这不过相当于十万元的利息而已，对公司来说反而有利。

会说话的机械

1877 年的初秋，在门罗公园研究所的所长室，爱迪生嘴里含了一支雪茄烟，正注视着一张机械设计图。

他究竟花费了多少时间完成了这些设计图，谁也不晓得。

“这样差不多了。”他自言自语地这么说。

他把工厂里那位名叫约翰的制作主任叫了来。这个人在机械制作方面相当能干，爱迪生也很信任他。

“约翰，麻烦你去制作一件这项机械的样品。”

看了爱迪生给他的设计图，约翰歪着头。本来只要看设计图一眼，大致就会知道是什么机械的约翰，这一次却一点也看不懂。

“所长，这到底是什么机械?”

“你也没有办法判断吗?”

“没有办法。”

“哈哈哈……制作好了，就会成为一个和你我一样会说话的机器。”

听说机械会说话，约翰更是莫名其妙。

“无论如何，得赶快开始工作。”

约翰回到工厂之后，将设计图拿给卡门看。卡门是研究所附设的样品工厂的主任，所有样品都在他这里制作。

“主任，这是什么机械，你看得出来吗?”

卡门也看不出来。

“所长是怎么说的?”

“他说是会说话的机械。”

“会说话？奇怪!”

卡门怎么看也看不出什么名堂来，设计图下面写着：预定制作费 18 元。

老式留声机

“18 元就能做出会说话的机械，更令人莫名奇妙！会不会有什么错误?”

“我最初也那么想，如果我们所长是 80 岁的老人，也许是老糊涂了，可是他只是 30 岁的年轻人，不可能糊涂到这步田地吧!”

“等一等，我再去问问所长看。”

卡门于是拿了设计图又去找所长。

"你也无法想象得到吗?"爱迪生笑着这么说。"我在做自动电信机研究的时候，将机械转快就从石蜡纸发出声音来的事，你忘记了吗?"

"不，我还记得。"

"我从那儿得到灵感，想到发明把声音记录下来的机械，就是这种声音复现机。"

"声音复现机?"

"自动电信机可以把点和横线印在纸上，电话是把人的声音变成音波，因振动而回复原来的声音。我把这两项原理连接起来，当然就能制作声音复现机了。"

卡门听了爱迪生的说明后，对于先前批评"所长也许弄错了"的想法觉得很不好意思。可心里还是怀疑所长能否完成那么大的发明。

"所长，原理是对的。不过，我觉得这比电话更难。如果这设计图失败了，还要做吗?"

"不要说废话，我不认为发明会失败。"爱迪生的语气很坚定，"在发明途中的失败是接近成功的证明。失败了，把它作为基础再前进就好了。"

卡门回到工厂，对约翰叙述了爱迪生所说的话。

"所长那么有自信的话，一定会成功。我马上照设计图制作机械。"

约翰随后 20 个小时连续不断地制作好了新机械的样品，看起来是一种怪怪的机械。

约翰的妻子因为丈夫夜晚也没有回家吃饭，不放心地拿了牛排和甜饼到工厂来。这个时候，刚好样品做好了。

“这是什么机器?”约翰的妻子觉得很奇怪地注视着。

“我也不知道是什么东西。”约翰回答说。

“已经做了，你怎么还不知道是什么机械?”妻子疑惑地问。

“也可以这么说，我们老板好像魔法师，常常要我们制作些莫名其妙的机械。可是经过几次改良或组合就会变成惊动世界的大发明，据说这种机器会像人一样说话。”

“机械会说话，这多恐怖!”

约翰的妻子急急忙忙地走开了。

爱迪生所设计的机械有一个手摇的把手，贴有锡箔的圆筒可以转动，而喇叭的振动板上有针，可刺出波浪形的浅沟。构造很简单，和后来的圆型唱片灌制机的原理一样。

爱迪生将它带回研究所，自己仔细地查看。不久，他另外带着一只装雪茄的大箱子回到工厂。

“卡门先生，请把工厂的人集合起来，现在要做实验了。”

工人们听约翰说做了会说话的机械，都好奇地围到爱迪生的桌子边来。

“都来了吗？现在就要开始实验了。如果这机械能如所设计的会唱歌，那么我就把带来的上好雪茄分给各位以表示庆祝。否则的话就要留到它能唱的时候了。”

这么说着，爱迪生将手放在把手上，同时把喇叭对着嘴巴，开始唱起童谣来。

玛莉的那头可爱小羊，

羊毛洁白如雪，

玛莉不管到哪儿，

它一定跟着走。

工人们好奇地注视着大声唱着童谣的爱迪生。

可是爱迪生却很认真，唱到第二节，他将圆筒放回到原来的位置，这次把嘴闭起来只是转动把手。

于是听到机器发出声音了，虽然声音很小，但清楚地听到刚才唱过的童谣，连音调都和爱迪生的一模一样。

这个意外，使在场的每一个人都变得目瞪口呆。

爱迪生很高兴地说：“来，来，按照刚才的约定，这些雪茄大家来分享。不过，老实说，我也没想到会这么成功。”

工厂里顿时喧闹起来了。爱迪生先叫约翰灌音，约翰灌了之后，工人们都灌音，一直灌音到天亮。

爱迪生在30岁之前所发明的东西，从有关电信的机械开始，大半都是已经知道原理或是把别人发明失败的东西加以改良而使它实用化的，唯独唱机是他自己独立创造的。

他那晚整夜都没睡觉，第二天早上9点便带着“第一号唱机”到纽约市去，他走进著名科学杂志《科学的美国》的编辑室。

总编辑毕基是爱迪生多年的好友。

“早，爱迪生先生，有什么有趣的发明吗?”

爱迪生笑笑打开包里，转动机械的把手。

“早，毕基先生，你认为这唱机怎么样?”

“看起来怪怪的，样子又不雅观，这到底是做什么用的?”

“你转转这个把手看。”

毕基好奇地转动把手，突然间从机械里发出“早，毕基先生，你认为这唱机怎么样”的声音。

“哇!”

毕基惊奇得目瞪口呆，一时说不出话来。

杂志社的编辑室马上喧闹起来。从新闻记者到各色各样的人都挤到编辑室来，编辑室快给挤破了，最后只好把唱机搬到外面去。

第二天，纽约市各报一齐刊出：“世纪的奇迹！会说话的机械出现。”

“伟大的发明家爱迪生终于成功地制造出了会说话的机械!”

全都是特大号的标题。

新闻电报很快传到欧洲，欧洲各国的报纸也纷纷刊出，很快地全世界都知道了他的发明。

背景知识

留声机

留声机又叫电唱机，是一种放音装置，其声音储存在以声学方法在唱片（圆盘）平面上刻出的弧形刻槽内。唱片置于转台上，在唱针之下旋转。因为唱片能比较方便地大量复制，放音时间也比大多数筒形录音介质长。留声机为爱迪生的众多伟大发明之一。

爱迪生根据电话传话器里的膜板随着说话声会引起震动的现象，拿短针做了试验，从中得到很大的启发。说话的快慢高低能使短针产生相应的不同颤动。那么，反过来，这种颤动也一定能发出原先的说话声音。于是，他开始研究声音重发的问题。

1877年8月15日，托马斯·阿尔瓦·爱迪生让助手克瑞西按图样制出一台由大圆筒、曲柄、受话机和膜板组成的怪机器。托马斯·阿尔瓦·爱迪生指着这台怪机器对助手说："这是一台会说话的机器。"他取出一张锡箔，卷在刻有螺旋槽纹的金属圆筒上，让针的一头轻擦着锡箔转动，另一头和受话机连接。托马斯·阿尔瓦·爱迪生摇动曲柄，对着受话机唱起了"玛丽有只小羊羔，雪球儿似一身毛……"唱完后，又把针放回原处，轻悠悠地再摇动曲柄。接着，机器不紧不慢，一圈又一圈地转动着，唱起了"玛丽有只小羊羔……"与刚才爱迪生唱的一模一样。在一旁的助手们，碰到一架会说话的机器，竟然惊讶得说不出话来。

时任美国总统海斯

"会说话的机器"诞生的消息，轰动了全世界。1877年12月，爱迪生公开表演了留声机，外界舆论马上把他誉为"科学界之拿破仑·波拿巴"，是19世纪最引人振奋的三大发明之一。即将开幕的巴黎世界博览会立即把它作为时新展品展出。就连当时美国总统海斯也在留声机旁转了两个多小时。

十年后，爱迪生又把留声机上的大圆筒和小曲柄改进成类似时钟发条的装置，由马达带动一个薄薄的蜡制大圆盘转动的式样，留声机才广为普及。

1887 年，爱弥尔·柏林纳制造了一种新型留声机。它的特点是，用圆盘形的唱片代替了大唱筒，唱片用两个手摇转轮带动。这种唱片留声机与唱筒留声机相比，性能有了明显提高，是现代电唱机的雏形。

爱迪生也在不断地改进留声机的性能。1888 年，他把唱筒留声机装上了电源，用电瓶启动，然后用接有软管的耳机收听。改进后的留声机，声音清晰逼真。不过，后来唱片还是取代了唱筒。

凡是看了报纸的人，对于“机械会说话”或“把人们的声音保存到死后”等的事情，都感到惊讶不已。

然而连日来，经过报纸详细地报道，谁都想亲眼看一看。因此来门罗公园研究所参观的人越来越多，使得铁路当局不得不加开特别列车。

华盛顿的国会议员们也对唱机的发明深感兴趣。

“希望能来此，让我们亲眼看看这种新发明。”

议员们拍了这样的电报。

爱迪生应邀到华盛顿去，著名的政界人士好像儿童见到魔术师似的，大家轮流灌制自己的演说，再细听自己所灌的声音，高兴得跳起来。他们把爱迪生当成了英雄。

爱迪生本人当然也很高兴，可是议员们不肯放他走，使他觉得很为难。

夜深了，时钟已指到了 11 点，爱迪生觉得相当疲倦，正准备回去，这时候有人送来了一封信。

这么晚打扰，很不好意思。如果你能马上到白宫来，我会觉得光荣。

总统海斯

爱迪生发明的留声机，被拿到华府展览

接到总统的邀请函，哪怕再疲倦也不能说不去。在总统官邸，爱迪生看到除海斯总统外，国务卿也在座。

事实上，海斯总统知道爱迪生应邀到国会，本来打算在自己官邸接待他，可是议员们一直没有放他走。他等得不耐烦，才亲自写信邀请。

爱迪生向总统解说唱机的原理。总统忽然说："等一等。"

他走到夫人的寝室，把已经睡了的夫人叫起来，然后还叫佣人将客人们找来，一齐进入大厅来欣赏这奇妙的机器，当爱迪生和总统握别时，已是凌晨 4 点了。

爱迪生的声望日隆，敌人也就随着出现了。特别是发明电话之后，袒护贝尔的人拼命地攻击爱迪生。

因为唱机的发明，看到报纸再度热烈地报道，他们又说："这一定是骗人的，可能使用腹语术来欺骗民众。怎么可能有和人一样会说话的机械？"

爱迪生在用自己发明的留声机

“爱迪生是吹牛大王。”

“说声音能留到死后，这是亵渎神明的骗人把戏。”

他们散播着这类无聊谣言，再经无聊报纸加以渲染刊出。

“人的声音，死后还可留下来”这件事，对多疑的人而言，真是再怎么也没法理解的问题，所以听了这些谣言，他们便都深信不疑。

不相信“会说话的机械”的人们中，有位知名的牧师，这位牧师一向为大家所尊敬，每逢他讲道总是座无虚席，人们着迷地认真听他讲道。

这位牧师对听众说：“爱迪生是个没有良心的骗子。”

经他这么一骂，爱迪生的声望立刻下降了。但爱迪生并不惊讶和生气。他想起了母亲临终时所说的话：“以后，也许会碰到更多痛苦或难过的事，那时候，你要拿出勇气，面对希望。”

爱迪生写了一封很有礼貌的信给这位牧师，大意是：“你对我发明的产品好像误会很深。为使你不要受那些对我有恶意者的话所迷惑，今特邀请你亲自来我工厂查看。”

这位牧师看过信以后，立刻回信表示接受邀请。

牧师虽是很有名望的宗教家，但是没有机械方面的知识。他唯恐被爱迪生所骗，特别邀约了路易士·米勒同去。

路易士是发明割草机和堆草机的人。碰巧路易士本人也想去看看爱迪生的新发明，所以便欣然答应了。

两人到门罗公园研究所一看，爱迪生正穿着油污的工作服和工人们一起忙碌地工作着。

“欢迎来参观，请查看这项机械，直到满意为止。”爱迪生将唱机放在两人面前这么说着。

首先路易士提出问题，爱迪生详尽地予以解说。慢慢地路易士明白这项机械并不是骗人的东西，而且十分欣赏爱迪生的爽直个性，两人越来越没有隔阂了。

可是牧师还是不太相信。

“那么，请就地试验一下好吗?”

于是，爱迪生灌了英国诗人托马斯·格勒一首著名的诗中的一节：

世界上高贵的人们，
不要用轻蔑的笑来听
穷人们虚幻的故事；
还有愿望高尚的人们，

也不要用不耻的笑来看
他们劳苦、朴素的喜悦。

这首诗的标题为《故乡墓地的挽歌》，是诗人格勒的杰作之一，这位牧师对此也很熟悉。

他因为心里本来看不起这个“没良心的骗子”爱迪生，竟能选出这样好的诗，首先就感觉十分惊讶，而且摆在眼前的这架唱机又能马上唱出这首诗来。“一点也没错，真是爱迪生的声音，而爱迪生还正点着雪茄烟在吸，根本不像做腹语术的样子。”

“不错，这真奇妙!”牧师第一次发出惊叹之声。

“牧师先生，这次请您来灌灌看。”

牧师靠近唱机一步。

“一定要像刚才诗篇的句子一样，慢慢地说吗?”

“不，怎么快都没关系。”爱迪生微笑地回答。

牧师用很快的速度念着《圣经》中最难念的名字：“摩西、所罗门、亚伯拉罕、腓利门、帖撒罗尼迦。”

牧师念完之后，爱迪生再转把手，唱机一句也不漏地以很快的速度念了出来。

“怎么样？牧师先生。”

“真不好意思！过去我说了一些不礼貌的话，由衷地向你道歉。《圣经》里面的名字，能像我这么快念出来的人，再没有别人了。我现在肯定地认为，这个机器确确实实是真的，绝不是骗人的东西。”

至此，这位牧师只好认输了。

有一次，爱迪生心想，把自己孩子的哭声灌入唱机，等他长大成人后，再听听自己婴儿时期的哭声，一定很有趣。

他马上就把唱机搬到婴儿房，可是孩子一直在笑，看到唱机也不害怕。他不能打孩子，就只好装鬼脸，把头发弄散，做出可怕的样子，可是孩子反而觉得更好笑。

“不管用，怎么办?”

老实的爸爸急得跺脚，没料到一滑，把放乳瓶的小桌子踢翻了。乳瓶给摔破了，牛乳流个满地。

婴儿真的给吓得哭出来了。

爱迪生也不管流出来的牛乳，只顾转动唱机的把手。在厨房的夫人和佣人听了玛莉安的哭声赶快跑来。

“你在做什么啊?”

这次，爱迪生又被夫人和佣人骂了一顿。

爱迪生发明的唱机于 1877 年 12 月 24 日申请专利许可，并在第二年的 2 月 19 日获得许可证。

1877 年爱迪生和他所发明的蜡管式唱机

这架值得纪念的“第一号唱机”至今还保存在美国的爱迪生纪念馆里。

爱迪生知道唱机还需要改良，他打算把灌制时间延长。比如说把总统的演说或著名指挥家指挥的大交响乐团演奏的实况等都能录音保存。

他从 1877 年到 1887 年，花费 10 年时间苦心改良，这期间他所获得的发明专利许可证多达 80 项以上。

由于录音所用的锡箔容易损坏，因而他又发明了能代替的蜡质化合物。这东西能够忠实地录下音波，只是价钱很贵，难以普及。此外还有一项缺点，就是材制很脆，容易破裂。

爱迪生对发明品质的要求是：价格低、耐用、操作方便。

继蜡质化合物之后，他又发现了“硬脂”。

这是从牛乳脂肪提炼出来的动物性脂肪结晶化合物，大体合乎爱迪生的要求。

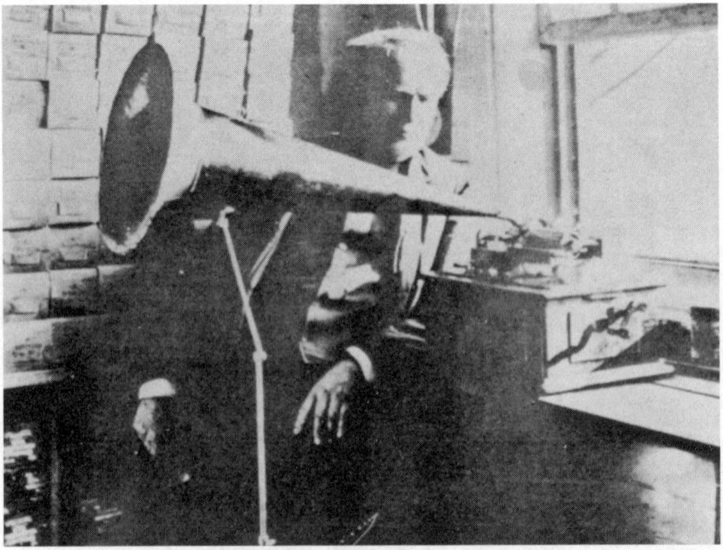

爱迪生在欣赏自己发明的唱机

爱迪生想把唱机推广到世界各地，于是派出宣传员到欧洲各国去做宣传。1879 年在巴黎举行的万国博览会上这种唱机就曾陈列。

“从机械发出来的声音，一定要听听看。”

结果，一天中就有四万人拥向唱机的陈列室。

在德国，普鲁士皇帝威廉一世成为了唱机迷。他召机械师进宫，当面分解机械，再行组合，最后皇帝自己也学会了这种机械的组合。皇帝集合宫廷贵族和政府高级官员，在他们面前让著名的铁血宰相俾斯麦发表演说，由自己灌音。

像俾斯麦这样的豪杰，这时候竟然紧张起来。那种窘态成为当时德国宫廷的笑话。

在英国的第一次公开展示会，是由格拉法·斯通首相首先灌制录音，接下去，著名诗人戴尼斯·白郎宁的声音也被录了下来。

戴尼斯灌制的时候脱口说了一句：“呀！错了。”也被录下来。

其中值得一提的是，在俄罗斯首都彼得格勒中央公园公开展示的时候，会场挤得连放脚的地方都没有了。

宣传员把唱机放在台上，播放预先录好的俄罗斯国歌，接着播放音乐，最后播放“吉尔诺夫事件”，突然一队警官挤进会场，粗暴地将唱机破坏了。

“吉尔诺夫事件”是类似童话的故事。内容讽刺俄罗斯皇帝的政治，数年前该书全部被禁止发售，违犯者最重的可处死刑。

现在这架唱机也被处了死刑，宣传员当然只好连连道歉。

最初，也运了几台到东方去，一般人都叫它“蜡管唱机”，那是因为录音管旁边涂了蜡的关系。此后，唱机还运抵过我国的西藏。

背景知识

巴拿马万国博览会

“巴拿马万国博览会”的全称是“1915 年巴拿马——太平洋国际博览会”，当时主要是为了庆祝巴拿马运河通航而举办的一次盛大的庆典活动。巴拿马运河由美国投资开凿，从 1903 年开工，经过十多年的不懈努力，终于凿通。自此，太平洋与大西洋在运河处贯通，使两大洋之间的航海运输线路缩短，成本降低，促进了海上运输业的发展。这使得当时美国的国际威信大大提高，于是决定在 1915 年举办“庆祝巴拿马运河通航太平洋万国博览会”，以示庆贺，并显示其国力。应邀参加博览会的共有 41 个国家，其中也包括中国。中国作为国际博览会的初次参展者，第一次在世界舞台上露面，格外引人瞩目。博览会从 1915 年 2 月 20 日开展，到 12 月 4 日闭幕，展期长达九个半月，总参观人数超过 1800 万人，开创了世界历史上博览会历时最长、参加人数最多的先河。

巴拿马万国博览会筹备了三年，会址选在美国旧金山海湾与陆地的交汇处，占地 625 英亩。巴拿马万国博览会主展厅共分 11 个展馆，中国茅台酒在农业馆内展出。该馆位于博览会入口主通道最北端西侧，与农业食品加工馆以一小通道为界，相互对应。除了以上总体布局的 11 个主要展馆之外，不少国家还设有自己的展馆。

真正带给人类光明

如果现在世界上没有电灯的话，会变成什么样？

人类过了几千年用火把和油灯照明的生活，然后从蜡烛进化到煤油灯，当时煤油灯是一种奢侈品。爱迪生出生的时候，煤油灯在美国还没有普及。

到了18世纪，人们开始烧煤，知道煤会产生瓦斯。英国的一位名叫麦多克的人利用这种瓦斯发明了“瓦斯灯”。这是1872年的事，那时的爱迪生是25岁。

19世纪中叶人们用来照明的瓦斯灯

那时候的瓦斯灯仍然很暗，而且也不是每个家庭都能使用，直到德国人威尔斯·巴哈发明白热纱罩之后，才能发生亮光，那是爱迪生发明电热以后的事了。

电灯的发明才真正带给人类光明，而这次发明竟和日食的观察有关，说起来倒也有趣。

发明唱机成功的爱迪生在第二年即1878年6月开始，做了为期约两个月的美国中、西部旅行。

爱迪生居然能离开研究室休假两个月，这是十年来从没有过的事，所以夫人也十分赞成。

爱迪生乘坐火车，在广阔的原野上向西前进，没多久就到了雄伟的洛基山脉。

在这一带行驶的火车是属于新太平洋铁路，这条铁路是由骗了爱迪生发明的“四重电信机”专利许可权的古德所经营，可是这一次他却为爱迪生准备了一节特别车厢接待他。

爱迪生虽是休假旅行，此行仍然有一项目的，那就是那年7月28日要在洛基山脉的怀俄明观察日食，并且用他所发明的气温计来测量太阳周围气体的温度。

爱迪生打从少年时代，就对星星、月亮、太阳等天文知识发生了浓厚的兴趣，因而苦心研究发明了这种特殊的气温计。

在怀俄明州，全世界天文学家都集聚在这里观察日全食。他们无不佩服这种用来量太阳周围气体的特殊气温计。

观察过日食之后，和爱迪生一起旅行的宾州大学派克教授建议说：“爱迪生先生，顺便去美丽的加州约瑟密特溪谷看看如何?”

爱迪生欣然同意了。

到了约瑟密特溪谷后，眼见很多工人淌着汗，使用十字镐辛苦地工作着，他们正在挖矿。爱迪生对友人说：“你看，那些人在浪费时间和劳力，附近不是有瀑布吗？利用那个瀑布的水来发电，以帮助工作，工人们就不必那么辛苦，而效率却要大几十倍。”

“一点也不错。”派克教授随声附和。

爱迪生观察日食，因而有了发明电灯的构想

“能成功地利用电气的人，才会成为人类的恩人。”

“派克教授，我相信不久的将来，全美国的瀑布都会用来供作水力发电。电力不但可以供应工厂，也可以送到人们的家庭供取暖和炊事之用。

还有，电气的能量如能转变成光，作为照明的话，那么，现在我们所使用的这种有臭味、暗淡而不方便的煤油灯和瓦斯灯，就派不上用场了。”

“爱迪生先生”，派克教授突然想起什么似的说：“电灯的发明，不是已经有人在着手进行吗?”

“那是华莱士先生吧?”

“是的，他住在康乃狄格州的亚桑尼亚。我常接到他的邀请，可是事情忙，一直没有机会去，幸好这次回程可以经过那儿，我们两人同去怎么样?”

“好的。”

比尔·华莱士的研究所因为派克教授带了著名的发明家爱迪生来，所以特别热闹。

比尔·华莱士是和友人佛玛一起于1867年，在费城博览会上做“弧光灯”实验而使参观者为之惊奇的电气学家，爱迪生已久闻其名。

“华莱士先生，弧光灯的研究进展如何?”

给爱迪生这么一问，华莱士显得有些窘迫。

“很困难，不过我要彻底使它实用化。”

爱迪生就没有再追问下去，只在研究所到处看看，爱迪生也了解弧光灯的事，可是对此没有什么兴趣。

发明弧光灯的戴维

弧光灯是1821年，也就是爱迪生出生的26年前由英国人哈弗莱·戴维偶然发现的。

当时，他从两个电池中伸出两根铁丝，接到炭棒与炭棒之间，炭棒突然发出使人眩晕的光，因而发明了“弧光灯”。

这种“弧光灯”当时在巴黎各剧场使用，可是需要不断地更换炭棒，电力不但很浪费，使用又困难，不适合于一般家庭，所以学者们苦心地研究种种改良。

华莱士见爱迪生不讲话，就问他说：“爱迪生先生，你对弧光灯的看法怎么样?”

经他这么一问，爱迪生便大胆地说出自己的想法："我想不用弧光灯的方式，而是将电流通到好几根细铁丝上，让它因抵抗所生的热而发出白热的光，这种方式也许较好。"

"学者们不是说那是不可能的吗？我想只有弧光灯最好。"

两人的讨论没有结果。

当他们分手的时候，华莱士说："那么照你的想法进行研究吧，这套东西送给你，请作为参考。"于是把自己制作的发电机和弧光灯赠送给他。

休假两个月后，恢复了健康的爱迪生回到门罗公园的研究所，马上开始新的研究，不用说从事的当然是研究"白热电灯"的发明。

随着爱迪生声望的不断上升，新闻记者和科学杂志的编辑们，常常来门罗公园找寻新的题材。

他们知道爱迪生旅行回来后就一天到晚关在所长室，马上预感到一定又有什么新东西要出现了。

门罗公园的冬景，爱迪生实验室就是中间那一栋

一天，有一位新闻记者在工厂附近走来走去，看到正在盖的新屋，就拦住一个工人问：“这是什么建筑?”

“据说要做新发明品的实验工厂。”

“新发明是什么?”

“我怎么知道？去问老板好了。”

工人不耐烦地说道。这位记者感到一定有什么重要事将会发生，所以纠缠不休地追问工厂主任和工人，终于问出新发明是所谓的“白热电灯”，而且预定两年内完成，现在正是准备阶段。

他也见过爱迪生，问过他，爱迪生只是笑笑，既不否认也不承认。

“这真是奇妙的新闻。”

记者赶快跑出研究所。

第二天的报纸上便用大字登出：“门罗公园的魔术师又要从事新发明。”

发明电灯的爱迪生

报纸指出新发明是“白热电灯”，可能在两年内完成。如果只是这么说，也就没有什么问题。可是这位记者还说，如果这项发明成功的话，瓦斯灯就没人用了。

因为爱迪生一再推出奇特的发明，所以记者给了他一个特殊的头衔——“门罗公园的魔术师”，后来这个名号也就成为爱迪生的绰号。

由于这条新闻，纽约的股票市场竟然陷入大混乱，以前被视为优良股的瓦斯公司股票一下子跌落 12 元。于是，瓦斯公司想办法邀集反对爱迪生的电气方面的学者们，指出“他的设想与能量不减的法则相矛盾”、“爱迪生的新计划完全不可能，只能是童话。”

这类报道出现之后，就连英国的电学权威威廉·普立兹也说：“想要分割电流，那只是空想。”

关于这一点，爱尔兰的约翰·林泰尔教授说：“普立兹的意见有些错误，爱迪生并不是反对理论，只是计划将理论用实际技术来连接。他解决过很多难题，对于他的能力不应妄加论断。”

爱迪生发明灯泡时，在他笔记上的灯泡漫画

爱迪生对于人们的批评一概不予反驳，只顾埋头研究。他先查阅了关于瓦斯灯的论文和报告，结果做了两百册约四万页的记录和图表。这是为发明比瓦斯灯更亮的灯所做的基础研究。

研究进行的同时，也需要很大的费用，他

手头却没有那么多的资金。当时摩根等美国数一数二的资本家，因为看好爱迪生研究的价值，就对爱迪生说："实验费我们来负担，需要多少，尽管说好了。"

这样，资金的解决已经没有问题。

门罗公园研究所为了"白热电灯"的发明，全体职工不眠不休地工作着。

爱迪生指定一个研究题目后，全所员工马上不停地进行实验，直到实验获得结果，再换另一项目，继续实验研究。

爱迪生发明石蜡纸的那一次，大约做了两千次实验；比起那次来，这次的发明要多出几倍的实验和努力。

对于白热灯的发明，有两个根本上的难题：

第一，是由于这种灯连接到同一条线上，如果要熄一盏灯，就得把所有的灯都熄灭，这样，怎么能适合每个家庭的应用？

因此必须将电流分为很多处，熄一处，另外的还是照样亮着。英国的普立兹和多数学者专家都认为要把电流分开是不可能的事，爱迪生则想将"不可能"成为"可能"。

第二，是需要制作发光的新灯，这种灯虽然发光，但很容易燃烧成灰也不行。

如何找出长时间燃烧而不致化为灰烬的物质呢？

两者都是难题中的难题，都要解决以后才能完成发明。

时间一天一天地过去，转眼已过了一年，然而依然没有眉目，他就好像在黑暗中摸索。

性急的人们一直在催促着，最后甚至说："这次可能是想要资本家拿出大价钱，所以故意虚张声势。"

那些出资人也不放心，同样对爱迪生说了些不愉快的话。

因为摩根等资本家准备一旦完成发明，就要立刻开办电灯公司，这才拿出五万元的实验费。可是，这五万元到第 13 个月就差不多花光了。因此，他们不客气地表示，不愿意继续投资了。

社会的批评、资本家的威胁，再加上一年以上的不眠不休，这时候爱迪生真的觉得累了。白天两眼发胀，晚上则因过度疲劳而失眠，服用安眠药才勉强睡上两三个小时。

自从他开始从事发明工作以来，经常睡在研究所的椅子上。夫人对他不放心，每到晚上便做好饭，送到研究所去。看到丈夫严肃的脸，她也说不出安慰的话。

爱迪生已用了一千五百种以上的材料做灯泡内细丝的实验，可是全都失败了。每种材料都做过好几次，到底做了几千次实验，连他自己也弄不清楚了。

门罗公园研究所内有爱迪生少年时代教他电信技术的麦肯基，这位老先生辞去火车站长的职务来这里工作。爱迪生甚至将这位老人家的红胡须拔下来作细丝实验，可是还是没有成功。

最后采用昂贵的白金做细丝，在灯泡试验时发出了烛光；他再把灯泡中的空气抽掉，让它成为真空，这样就制成了烛光的灯泡。

这么一来，总算是大致成功了。爱迪生马上提出专利申请，1879 年 4 月他终于获得了专利权。

这是爱迪生电灯的第一号许可，但是白金价格太高，距离作为实用的灯泡还差得很远，他还得另行开始用其他材料做实验。

他一直相信世界上一定会有一种不熔化而能接受电流的物质。

爱迪生像往常一样在实验室里沉思，也不知过了多久，显然夜已深，室内室外一点声音都听不见。

这时候，看到桌旁那些两年前用于电话送话器内含有碳素的块粒。

刹那间，爱迪生似乎来了灵感。

这种东西因为含有很多碳素，而碳素极易和空气中的氧气发生作用，只要通入电流，马上就会烧掉，因此，打开始起，人们就认为用它做灯丝行不通。

从事于白热灯实验的爱迪生

可是当他做过白金细丝试验后，知道使灯泡成为真空可延长发光时间。

爱迪生心想，“如果做成真空灯泡，碳素应该不会被氧化，这样拿来作为灯泡丝也许可以成功”。

爱迪生想到这些，立刻叫当班的助手拿棉线来。

“也许成功之钥就在身边。”

他一面这么说着，一面望着助手，脸上露出已经许久没有见过的笑容。他把锡和焦油混合的液体涂满棉线，剪成所需要的长度，然后做成马蹄形并告诉助手：“请你把这放在炉里烘烤五小时。”

爱迪生兴奋地等待着结果。

第二天，助手好像捧着珍宝似的，将烘烤过的棉线拿来了。

“好像是可以了。”

爱迪生很高兴地轻轻一摸，而这些好不容易烤成的碳素线却散掉了，只好又重新烘烤一次。这次从烤炉移到灯泡的地方，想装进里面去的时候，不料又散开了。最后，爱迪生小心翼翼地费了两天工夫，才终于把它装进灯泡里面。

“好，现在开始!”

所内的人全都围了过来，在大家的注视中，爱迪生慢慢地把灯泡内的空气抽掉，使它成为 1%气压，这样就近乎真空状态了。

接下来开始通电流，爱迪生握着开关的手，微微地在发抖。一会儿工夫，众人所期望的碳丝白热电灯终于发出了光亮。

听到大家的欢笑，工厂里的工人们全都跑了过来。

电灯的光过了五分、十分钟还亮着，大家一直静静地注视着这光到底能亮多久？这是很重要的问题。

1 小时——2 小时——3 小时——4 小时——5 小时过去了，电灯仍然亮着。

“所长，恭喜!”人们轮流和爱迪生握手。

“谢谢，我希望它至少能亮 10 个小时。”

那天晚上，爱迪生和研究所的主要人员一直围着白热电灯到天亮。第二天晚上电灯还亮着，一共亮了 45 小时才熄灭。

在实验室里的爱迪生

爱迪生他们花了 5 万元的资金和 13 个月的辛苦努力，才发明了这世界上第一盏碳丝白热电灯。

“既然能亮 45 小时，我一定要发明能亮 100 小时的电灯。”

爱迪生这么计划着。他于是回到隔了好久都没回去过的家，整整睡了 24 个小时才起床。

电灯第一次发出亮光是在 1879 年 10 月 20 日。

那年的除夕是门罗公园研究所开办以来最热闹的一天。庭院的树上都被同事们挂满了电线并装上几百个灯泡，等候接待来参加“电灯发明纪念庆祝会”的三千嘉宾。

宾州铁路为此增开列车以运送客人，农民们则乘坐旧式马车前来参观。

庆祝会计划在天黑时开始，爱迪生叫所内人员从研究所到车站一路上都装上电灯，准备在第一班火车进站时立刻亮灯。

“真奇妙!”

“好像到了另一个世界!”

从火车上下来的人，一个个看得目瞪口呆。那天下午下过一场大雪，所以看起来更瑰丽、壮观。研究所庭院内发光的数百盏电灯使人们神魂颠倒，为之眩目。

人们忘了寒冷，到深夜 12 点还不想回去，到处听到有人高喊：“爱迪生万岁，爱迪生万岁!”

庆祝会所使用的电灯，寿命是 170 个小时，碳丝是用厚纸烘烤的东西，短短两个月时间，爱迪生已做了这么大的改良。

他在致词时说：“大家称赞我的发明是一大成功，可是这尚在研究途中。在灯泡的寿命没有到达 600 个小时以前，还不能算是成功。”

这一句话，使参加的人又一次感到惊讶。

爱迪生于1880年1月28日得到碳丝白热电灯的专利许可权。

这个世界上总有些荒唐的人，使得这位受全世界称赞的爱迪生碰到一些不愉快的事情。

因为白热电灯的发明，爱迪生每天都要和新闻记者接触。不过，对于那些喜欢夸张的记者，爱迪生则尽量避免见面。

访问过爱迪生好几次都没有办法见面的一名记者，写了这样一篇荒唐的报道：

> 门罗公园的魔术师托马斯·爱迪生最近又会给人们另一种恩惠，那就是爱迪生用特殊化学处理所做成的衬衣，这种衬衣有365层，但是很薄很薄，穿这种衬衣的人，只要每天剥掉一层，一年到头都可以穿着干净的衣服，爱迪生本人现在就穿着这样的衬衣。
>
> 这种衬衣才是门罗公园研究所的珍奇发明品，定名为爱迪生衬衣。

这件事竟在美国500种以上报纸刊登，甚至传遍了全世界。以至于世界各地都来信或电报查询这种衬衣，有的甚至寄来汇票和现金，一定要购买这种衬衣。

对爱迪生来说，这当然是场大灾难。这样忙的人如何有办法一一回答。

这时候，老实的爱迪生也很生气。他曾愤愤地说：“对于这种胡说八道的可恶记者，我真想揍他一顿。”

“制造600个小时寿命的灯泡”——是爱迪生接下去的研究目标。他因为有采用棉线作细丝的经验，所以特别注意美国所产的数百种植物纤维，他把它们一一拿来做烘烤实验，但都未得到满意结果。

爱迪生突然想起竹子，记得在他收到的圣诞礼物中就有一把竹制的扇子，当时丢在了研究所的柜子里。

助手找出扇子以后，马上动手做实验。他用竹子烘烤出来的碳丝，比其他植物的纤维优秀，能有200个小时的寿命。

“有希望!”

于是爱迪生详细调查有关竹子的资料，目前已经知道的就有1200种，他准备把这1200种的竹子全部拿来实验。

他的做法确实很彻底，从研究所的人员中选出20人组成调查队，准备了10万元费用前往世界各地。

爱迪生用来做灯泡的竹纤维

爱迪生本人也亲自到西印度群岛中的牙买加岛，买回各种竹子。

往南美方面的助手进入亚马逊河流域又走了八百多公里，在途中有时碰到洪水，有时遭到土人袭击，也有遇到猛兽威胁的危险，再加上黄热病等，总共花费了15个月时间。

他所发现的竹子中，有直径30厘米，高达30米像巨木似的大竹。

其他如巴拿马、马来亚半岛、印度、泰国、中国、日本、墨西哥等，只要有竹子的地方，调查队就会去，其中有不少人不幸在旅途中死亡。

从世界各地采集来的竹子大约有六千种之多，结果以东南亚的竹子所制碳丝最为优秀。直至 1908 年的 9 年间，东南亚竹子一直是供应碳丝的主要原料。

1908 年，纤维素取代了竹子，灯泡的寿命也超过了 600 个小时。

那时候，一般美国人可以说完全没有电灯方面的知识，以为只要有灯泡马上就会发亮。当他们听过爱迪生的详细说明后，就说："那样的话，使用煤油灯反而更简单方便!"

爱迪生在 1880 年的一年之间，获得有关电灯的专利许可权多达 33 项，其中关于配电的发明 7 项；插座、保险丝及其他附属品 5 项；电流器、开关及其他 7 项；发电机 3 项。

其他的小附属品，一样一样全部发明了，而电灯需要的最基本的发电机，那时只有不完善的磁石式发电机，这种发电机无法为多数家庭供电。

因此，爱迪生的第二次研究当然就转移到大马力的发电机上。

他听说有一种由波特制造运转发电机用的蒸汽引擎，就马上设法弄来加以改良，使它每分钟能回转 700 次，从而和发电机相结合。

1881 年，法国巴黎举办世界博览会，届时世界各地的人都会前来参观，因此，向世界做电灯宣传该是绝好的机会。

爱迪生为了要在这次博览会上展览，特地制造一座一万四千瓦的大型发电机，可以供1200个灯泡同时使用。

门罗公园的工厂又要开始赶夜工了。这座发电机采用的是蒸汽引擎，足足有27吨重。完成后由货轮从纽约运出的前三天还在试行运转。

爱迪生实验室的二楼，爱迪生坐在正中央（1880年）

一向计划周密的爱迪生说："好，这样可以了。"

这时候，已是货轮启航的当天早上。

试行运转完毕，但还得忙。虽然已将发电机分解，可是一件一件仍然非常庞大。爱迪生只好请纽约市的警察管制交通，并请消防车开道，才顺利地将它们运到码头。

爱迪生的头脑很灵活，那时纽约市动物园有只巨象名叫"巨无霸"，很有人缘，爱迪生就把这具发电机命名为"巨无霸"。

一些因交通管制而唠叨的市民，听说是"巨无霸"要经过，都说："大象要经过，那就没话可说了。"

这件重达27吨的大机械在船启航前一小时才弄妥。

巴黎世界博览会上爱迪生发明的电灯大获好评。不仅一般参观者，就连电气专家也一致称赞爱迪生的伟大功绩。

爱迪生终于要成立电灯公司了。可笑的是，那些当初给爱迪生苦心研究提供经费的资本家们，现在对于成立电灯公司的事反而全都畏缩不前。

他们认为，电灯倒是容易装好，只怕电费会比瓦斯灯还贵，而一般家庭负担不起。

最终，爱迪生还是说服了这些资本家们，并且担保电费一定会比瓦斯灯便宜，资本家们这才决定出资。

1882 年 9 月 4 日，爱迪生在美国的纽约市成立了资本额百万元的"爱迪生电灯股份公司"。

从不放过宣传机会的爱迪生特别在公司的建筑物上装设了 400 盏电灯，入夜灯火通明，光芒四射。

看到这不夜城的壮观，市民们也都希望自己家里能赶快装设电灯。

爱迪生开始计划不用灯柱而采用地下送电的办法，因为他不满意到处竖立电话线或电报线柱，这样不仅妨碍交通，而且也有碍观瞻。

听说采用地下送电，首先反对的便是纽约市议会。

"如果电线在地下爆炸，岂不糟糕了?"

经议员们这么说，市民们也跟着起哄。

纽约市议会一向就有很大的权力，如果将议员们惹火了，他的计划就很难实现。

没有更好的办法，爱迪生只得用特别专车邀请议员们到门罗公园参观并妥为招待，费了很多口舌向他们说明电线不会爆炸，而且可以避免妨碍交通及美观，最后总算将议员们说服了。

议员们走了之后，爱迪生感慨地说：“今天我算做了有生以来最长的演说，要说服他们就跟发明碳丝一样困难。”

纽约市的议员们都是市民的代表和社会的中坚，他们知识高过一般市民，连这样的人都以为电线会爆炸，在那个时代的爱迪生要开创一番新事业、新发明该有多么困难！

电灯公司已经成立，但还没有完全解决问题。因为电灯公司只负责送电，而发电机、灯泡、电线、插座、电表、安全器等等必需品都得需要其他公司来生产制造。

他将这些实情告诉资本家们，结果他们多半不太愿意，认为这是冒险：“如果真能赚钱的话，多少钱也愿意出，可是到底有没有把握呢?”

听了这些话，爱迪生下定决心不再向资本家求助了。

他将自己的全部财产拿出来，不够的，再向朋友们借，这样凑足所需资金，先买下一处旧工厂并将其改为发电机工厂。灯泡工厂原设于门罗公园，现在把它迁往哈里逊并加以改建扩大。电线工厂是新建的，工厂主任则选择他最能信赖的约翰·古鲁西担任。这样下来已经没有多余资金可用，剩下来的电表、插座、开关等只好委托由朋友们的工厂制造。

打瞌睡的爱迪生

虽然开始很艰苦，可是对将来一向抱有很大希望的爱迪生仍然满怀信心并经常鼓励他的部下。

他一方面要监督四个工厂的生产，回到研究所来不及休息又得立刻苦心改良各种电气器材。

在灯泡工厂制作好的灯泡，每个卖四角钱，实际上，每个成本就需要一块一毛。因此，卖得越多，亏损也就越大，部下都不以为然。

“以后一定会赚钱，灯泡是我的专利品，别人不能制造，要想卖两块、三块钱都可以。可这样固然一开头就可赚钱，但吃亏的是一般家庭。如果电灯太贵，那么，苦心为大家所做的发明就失去本来意义了！再忍耐一段时间，相信一定会赚钱的。”

当爱迪生把机械改良后，灯泡成本显著降低，两年后成本降为七角钱，三年后降为五角。不过，仍然无利可图，到四年后成本已降到每只两角二分，这才有利润了。

当他咬紧牙关，忍痛牺牲的时候，电灯越来越受人们欢迎，灯泡自然也越卖越多，单只第四年的利润就可弥补前三年的亏损而有余。

当年建哈里逊灯泡工厂的时候，由于资金不够，只好向厂内职工筹款，让他们成为股东。这些人起先以为可以分到红利，所以十分高兴。谁知工厂接连三年的亏损，不但没有红利，有时连薪水都发不出来，大家开始烦恼忧虑起来。

幸亏到了第四年大赚其钱，每个月分一次红利，还有剩余，最后一星期就分一次红利。

看了这种情形，四年前态度冷淡的资本家们这时候也大有改变，他们常常催促着爱迪生：“请把工厂的权利让给我吧。”

这时，电气事业已经上了轨道，电灯一天比一天普遍。

“电灯的事，现在已经安定，我该开始从事另外的发明了。”

正由于爱迪生本人这么想，所以将灯泡工厂转让给别人一点也不觉得心痛。

他将工厂以108万元的价格卖给别人，他用这笔钱还了债，剩下的就分给工厂里的同事。

实际上，这座工厂的建厂费一万元是由爱迪生自己和职工们一点一滴的积蓄凑起来的，现在以这个价格卖出，总算没有叫人失望。分得丰厚利润的职工们都说爱迪生是圣诞老人。

爱迪生还有一件非常高兴的事情。当时纽约市有家“北太平洋邮船公司”，航行于纽约和旧金山之间，这家公司新造了一艘“欧洲号”豪华轮船，船内的照明一律采用电灯，这还是航海轮船第一次采用电灯照明。

知道这件事的海上保险公司拒绝为“欧洲号”投保，理由是该船装设了危险的电气照明，担心处女航还未完成，船就给烧了。

“北太平洋公司”的亨利·皮奈特总裁非常信任爱迪生的才能，对于保险公司的拒保毫不在乎，仍然请爱迪生为该轮装设电气照明。

对爱迪生来说，替豪华客轮装置电气照明也是头一遭，缺乏实际经验不说，而且距离该轮预定出航的日期也很近，但爱迪生就凭惯有的固执和毅力，激励优秀的同事，如期巧妙地完成了这宗原本很艰巨的工作。

“欧洲号”入夜后整个轮船亮如白昼，纽约市民们形容它“好像浮在海上的宫殿”，跑来码头参观的人们络绎不绝。

灯火通明的波士顿剧院

“欧洲号”两天以后作处女航，七周以后船长从旧金山拍给爱迪生一份这样的电报：

> “欧洲号”处女航，本日平安抵达，现已入港。
>
> 阁下的发电机和电灯在航海中全无故障，本轮全体人员既高兴又惊奇。旧金山市民亦视为奇迹，每日要求登轮参观者极多，敬表谢意。

“看看这个!”爱迪生将这份电报交给曾为船内照明设备努力工作的部下阅读。

“欧洲号”采用电灯照明的成功被传开后，其他船舶的照明装置也就接连不断地被更换为电灯。

接着采用电气照明的是剧院。在美国，第一个换成电气照明的是波士顿剧院。当然从设计到施工，也是由爱迪生一手包办。

采用最新照明设备的波士顿剧院第一次公演时，麻州州长和波士顿市长暨官员们都莅临参观。

爱迪生和夫人也应邀出席。他穿着礼服，兴奋地欣赏着演出。没想到，剧情发展到最高潮，观众正紧张地屏息观赏的时候，突然舞台上的灯光暗了下来。

“怎么啦?”

“电灯熄啦!”

观众都站了起来，这时爱迪生急忙跑到动力装置地点，原来负责添煤的工人在打瞌睡而没有添煤，导致电压太低。爱迪生随即脱掉上衣，卷起袖子，赶快添煤。

手里拿着初期发明的小白热灯泡的爱迪生

那时候还没有大的发电所，剧院用电只好采用自家火力发电的装置。

没有多久，舞台再度明亮，可是回到观众席上的爱迪生，因为添煤已经弄得灰头土脸，全身都已变黑了。

“那时候真是出了一身冷汗，我马上就知道电灯不亮的原因，可是没有时间向观众说明。”事后，爱迪生这么说。

在门罗公园的家，爱迪生在早饭前常常由夫人相伴散步。

有天早晨，爱迪生在散步的时候对妻子说：“不知道要怎样才能使人们对电气更加了解？前些时候波士顿剧院演出，只是电压降低了，观众就像发疯似的。‘欧洲号’装置电灯照明，保险业却认为装了电灯也许轮船会被烧掉而不给担保。好在轮船公司总裁信任我，如果换了别的船老板，可能就此不装了。”

“当我接到‘欧洲号’平安抵达旧金山，航程中电气无一故障的电报，固然很高兴，可是后来又不放心。”

“为什么?”夫人急迫地问。

“不是别的，如果‘欧洲号’发生和电气照明无关的海难事件，譬如说因为浓雾而和其他船只相撞，或遇到暴风雨触礁沉没，那会怎么样呢？由于轮船没有投保，公司的损失可就太大了。”

爱迪生夫人也同意这一看法。

“前些时候，纽约市议员们又说，电线埋在地下会爆炸，弄得我啼笑皆非!”

“世界上的人，似乎对电灯怀有一种错误的恐怖心理。”

“不错，可是没有办法一一向人解说，如果写在书上，没有科学知识的人对电气也很难了解，所以我想出一个办法，使人们不再有误解。”

“什么方法?”

“大游行呀，玛莉。”爱迪生很有自信地说。

“大游行?”

“让很多人拿着电灯，晚上在纽约市游行，情景一定会很壮观，我想市民也会喜欢，你觉得如何?”

“电灯游行，我也赞成，喜欢热闹的美国人一定会疯狂的。”

“你也赞成？那么我和职员们商量一下马上实行。”

这计划如愿以偿，经过一个月后，让纽约市民疯狂的“电灯大游行”在一天晚上展开了。戴着用小豆般的灯泡点缀起来的盔形帽，几百个年轻人排成四排，行列内侧则有能移动的蒸汽发动机和“爱迪生式直流发电机”。

游行的青年们戴的小豆灯泡，是从袖子下包着铜线的缆绳接到直流发电机上。

行列前面骑着白马的指挥，手上拿了饰有小豆灯泡的指挥棒，后面则跟着演奏进行曲的乐队。

前面的人每次挥舞指挥棒，数百小豆灯泡就会时明时暗，煞是好看。

这样的游行博得路旁观看的市民们热烈的欢呼，大家喊着“爱迪生，电灯!”陶醉在夜市灿烂的光波里。

“看看，市民们疯狂的样子。”

“这样，市民们对电灯该能产生亲切感吧?”

爱迪生和夫人夹在人潮中异常兴奋地谈论着。

“电灯大游行”的第二天，就有一位大剧院的经理来找爱迪生。

“昨天的大游行很惊人，因此一定要麻烦你，我想在舞台上让数十人跳着电灯舞，观众必然非常喜欢，因此，一定要借助你的智慧。”

“确是很有趣的构想。”

爱迪生接受了该剧院舞台监督的职务。两个月后，纽约市到处贴出爱迪生指挥演出的海报。

市民们听到爱迪生的名字就已疯狂，开演当天，想买票进场的人排成长龙。

随着音乐的前奏揭幕，台上以美丽的宫殿画作为背景。数十名舞蹈者，头上都有小豆灯泡闪亮，手杖上面也饰有灯泡。由于舞台较暗，观众不易看清台上的情形，这些电灯都和装在地下室里的直流发电机相连接。

舞到最高潮，几百盏电灯齐亮，舞台效果真是蔚为壮观！

疯狂的观众有的吹口哨，有的用脚踏，顿时偌大的剧院为观众的狂热所轰动。

剧院连日大爆满，演出的节目一再继续，可是观众并未因此而减少，戏院老板自然大赚其钱。

爱迪生手持他发明的灯泡

知道这样能赚钱的戏院老板在下一季节又再推出相同的节目，结果仍然非常轰动，到后来逐渐变成这家剧院的招牌戏了。

背景知识

电灯灯丝的不断改进过程

爱迪生在发明电灯的过程中，认真总结了前人制造电灯的失败经验后，前后经历了无数次的失败。但是他毫不气馁，先是用铂金做灯丝，只点燃了半个小时。后来经过反复实验，终于用棉纱变成了焦炭。他小心地把这根碳丝装进玻璃泡里，一试验，效果果然很好。灯泡的寿命一下子延长了 13 个小时，后来又达到 45 个小时。就这样，世界上第一批碳丝的白炽灯问世了。1879

年除夕，爱迪生电灯公司所在地洛帕克街灯火通明。最后，爱迪生把炭化后的日本竹丝装进玻璃泡，通上电后，这种竹丝灯泡竟连续不断地亮了1200个小时！

爱迪生发明的这种碳丝电灯与以往的电弧灯相比，无疑实用多了。它的出现，标志着人类使用电灯的历史正式开始。然而，这种碳丝电灯亮度不理想，灯丝的制作方法比较复杂，使用的寿命也不是很长。因此，世界各国的科学家都在致力于白炽灯的改进。

在竹丝电灯诞生30年后的1909年，美国通用电器公司的库里基发明了以钨丝做灯丝的电灯泡。这种电灯与碳丝电灯相比，又前进了一步，但由于通电后钨丝极易变脆，因此它的使用寿命也受到影响。

电车的发明

世界上第一艘装置电气照明的“欧洲号”豪华轮船平安地完成处女航归来，该轮所属北太平洋轮船公司的亨利·波奈特总裁亲自来门罗公园向爱迪生致谢。

爱迪生当然非常高兴。

“保险公司现在仍然拒绝为轮船保险吗?”

“不，他们看到‘欧洲号’自遥远的旧金山平安归来，并未因电气而失火，已经放心了。”

“那太好了。”

“据说乘客认为电灯比煤油灯好得多，我很高兴。”

这位轮船公司老板改变话题说：“爱迪生先生，今天我来不是为船，是想谈谈火车。”

原来北太平洋公司除经营轮船外，也经营铁路。

“你也知道，使用蒸汽机车头的火车到了山谷地带，进入隧道后煤烟呛人，司机和乘客都不舒服，尤其夏天开着窗子，进来的煤烟更大。跑山谷地带如果不用蒸汽机车头而改用电力，有没有办法?”

“不只是山谷地带，将来所有铁路可能都会换用电力。1878年我去怀俄明观测日食，回程途中从火车窗口向外看，一望无际的田野，高低不平的道路，农夫们用马车运载蔬菜或小麦，马和

爱迪生站在火车头前面

人都喘不过气来，那时候和我在一起的派克教授曾经谈到铺设小型铁轨，让电车行驶，这样，人和马就不用那么辛苦了。”

“如果发明电车，那就奇妙了。”

“其实，早就有人动这个脑筋了。”

“真的?”

爱迪生告诉他，当他还在美国大干线铁路卖报纸的时候，在底特律图书馆曾看过一本书，书上就写着 1837 年，曾有一个英国人苦心制作过利用电池行驶的电车。1850 年，美国也有人想制造蓄电池电车。

“从那时起我就常想制造电车。”

“爱迪生先生，你卖报纸不是 20 年前的事情吗?”

“是的。”

“20 年前少年时代所看的书，到现在还清楚地记得，真了不起!”

“如果看了就忘记，那还有什么意思？也太不像话了!”

“该骂，该骂。”亨利笑着说。

“皮奈特先生，关于电车，当我还在苦心研究发明电灯的时候，德国有家电气公司就曾制造一辆电气车，载了三十位乘客，创下每小时行驶二十四公里的速度纪录。据说那辆电气车只有三马力而已。”

“德国的火车已经换用电气车了吗?”

“不，还没有进步到那样，我想自己来发明和他们不相同的电车。”

“你有自信吗?”

“当然有!”爱迪生肯定地这么说道。

“我因为电灯的需要而制作了强力发电机，现在只要把那个改为电气马达就行，计划早就拟好了。”

对于这项构想，皮奈特总裁极感兴趣。

“这项发明需要多少时间呢?”

“只要有半年就够了，不过这还需要相当多的研究费用。”

“好，所有研究费用由我负担。请马上着手研究，成功了，就让北太平洋铁路使用吧。”

“谢谢！刚刚骂过你，还要让你出研究费实在不好意思。”爱迪生开玩笑地说。

“哪里，这样今天我来门罗公园总算不虚此行。关于费用的问题，请不必客气地提出。”

爱迪生吸着雪茄想了一下。

“皮奈特先生，不管怎样，我不希望白白向人借钱，我们双方订个契约。如果我所完成的电车能在北太平洋铁路使用，研究费用就不用归还。如果不能使用，费用则由我归还，这样好吗?”

“当然好。”

“那么，契约书请谁做见证人?”

“请你夫人好了。”

“用自己的妻子做见证人，不是公正的第三者。”爱迪生谦逊地说。

亨利深受感动，他说：“爱迪生先生，我知道你从没有骗过人，可是没有见证人，却与规定不合。所以在形式上请你夫人作见证人。其实，我们之间根本就不需要什么契约书的。”

就这样，契约书马上签好，门罗公园的魔术师要开始研究发明电车了。

爱迪生的发电机用于马达上，果然产生奇妙的马力，不过，起初发电机的造型不适合于电车上使用，他想过种种办法将直型发电机改成横型，轴上装置滑车，再将滑车挂在车轴上，这样车就能轻轻转动了。

和他一起工作的古鲁西看到出乎意外地简单的装置后对他说："这比起火车的蒸汽机车来，真是过分简单。"

"谁都会这么想吧，这就是电车的特征。我长时间搭乘火车，仔细研究过蒸汽机车的复杂构造，那是因为使用蒸汽这种不方便的东西为动力，没有办法，只好采用复杂机件，实际上这种电气机车比蒸汽机车的能力强。"

爱迪生最初试做的就像模型那么小，但时速达六十公里，有

爱迪生驾驶着他发明的电动车

二十马力，比德国试制的那种时速二十四公里，三马力的电车要强得多。

电气机车完成后，终于要试车了。门罗公园研究所四周铺设了枕木，轨道长约一公里，有急坡也有曲线，而且到处高低不平。电气机车后挂着两节客车，外观虽然不美，但不管如何，这总是美国的第一辆电气车。

试车时，研究所的职工全都在场，虽然有不少地方仍然需要改良，但起码已经证明爱迪生在这件事上接近成功了。

这次试车后，爱迪生发明电车的事传遍各地，每天前来参观的人络绎不绝，并且要求搭乘。可见这种不冒烟的火车对当时的人们更具魅力。

门罗公园研究所的法律顾问罗利博士听了传闻，特地从纽约赶来，爱迪生对他说："你也搭乘看看，申请专利的时候，好做参考。"

两人上了客车。这天是由古鲁西担任司机。

"古鲁西先生，今天请用时速六十公里。"

听了爱迪生的命令，古鲁西以最高时速行驶，经过急坡，拐过曲线，车子发出怪音，机车突然脱轨了，客车也随着翻倒。车上乘客全给摔出车外，虽然只有司机一人脸部擦破，其他的人都没有受伤，可是就因为这次脱轨，爱迪生遭到人们的指责和非难。

这次脱轨事故对爱迪生来说，倒是一项很好的研究资料。使他想到车子一旦危急，可以使用相反的电流产生抗力以阻止车子前冲，从而发明了电气制动器。

这次小型电车试车成功后，爱迪生转而进行第二阶段的研

早期的电动车

究。同时也设计了两台大型电气机车，一辆客车，一辆货车。客车的最高时速为 96 公里，可轻易拖载乘客 90 人。

研究所四周轨道延长到三公里，有错车道和转辙器这类与实际铁路相同的设备。

看到爱迪生电车的发明进行得顺利，最高兴的莫过于北太平洋铁路的总裁亨利 · 皮奈特。

“爱迪生先生，电车完成了，西部农业地区要铺设延长 80 公里的电气铁路。”

可惜没过多久，亨利 · 皮奈特的事业失败，直至宣告破产。

从此，他再也没有办法供给爱迪生研究经费了，但诚实的亨利仍然跑到门罗公园对爱迪生说：“和你所订的契约我一定遵守，你的研究费用，我一定会付给你。”

“皮奈特先生，契约书就当作没有好了，但你的友情我将永远不忘。感谢你的鼓励，由于你的帮助，电车才能发展到目前这种程度。皮奈特先生，你现在应该设法让自己再次站起来。”

爱迪生反而安慰这位遭遇挫折的友人。

亨利·皮奈特究竟是个了不起的人，十年之后，他再度成为北太平洋铁路公司的总裁，他并未忘记以前的约定，向爱迪生提出将西部山谷地区实行铁路电气化的计划。

爱迪生终于完成了电车发明，但为什么不像电话、电灯、唱机等那样使爱迪生出名呢？那是有原因的。

当爱迪生热衷研究电车的时候，同时在美国还有一位叫菲尔德的人从事同样的电车研究。

资本家们为使电车事业化，特别促使爱迪生和菲尔德两人就专利特许权合作，于 1883 年以资金两百万元成立“美国电气铁路公司”。

这家公司最初想在纽约布设这种电车，但却遭遇到了意外的困难。原因是当时在纽约以及全美各大都市都有铁道马车作为市内主要交通工具。这种铁道马车是由马拖着，行驶在两条轨道上，已有五十年的历史了。

如果采用电车的话，铁道马车势必遭到淘汰，但纽约市民中有人喜爱马车，这些人自然反对电车，以致电车很难有所进展。没过多久，又因公司内部不合，结果导致公司破产。

几年后，“纽约中央公司”宣告成立，终于决定采用电车。而这时，爱迪生正好发明电影，再度震惊全世界。相比之下，使得电车的发明为人们所忽略了。

第四篇　世界发明大王

荣誉感是一种优良的品质，因而只有那些禀性高尚积极向上或受过良好教育的人才会具备。

——爱迪生

妻子玛莉的亡故

1884 年爱迪生 37 岁。

这年对爱迪生来说，是令他悲伤的一年。

他的夫人玛莉在四五年前健康情形就不好，常常不能下床，这年的 8 月又罹患了伤寒。

玛莉的妹妹爱丽丝和医生们每天尽力看护，爱迪生自己也有好多天没去研究所，一直在床边陪伴。

被笑作“工作虫”的爱迪生，不到研究所来是很少有的事情，同事们都很担心。

爱迪生夫人康复的希望落空，8 月 9 日的晚上终于医治无效，病逝于门罗公园的家中。

爱迪生的长女玛莉安、长子托马斯、次子威廉，三个孩子抱住母亲冰冷的遗体失声痛哭。爱迪生目睹这幕生离死别的景象，心痛如绞。

结婚十一年来，玛莉一直是爱迪生的好帮手。爱迪生为发明苦恼，或遭受误解被人攻击的时候，她总是多方安慰和鼓励，使他产生新的勇气。

现在这样的一位好妻子，竟然离开丈夫走了。

年幼的孩子们还需要细心照顾，爱迪生想把三个孩子交给住在纽约市郊的岳母代为看管。

外婆也希望有孩子们做伴，所以立刻答应了。

位于门罗公园的诺大房子如今只剩下爱迪生一个人。睹物思人，一切仿佛都在梦中。他心想，如果住在这里，每天触景伤情，恐怕什么事情都不能做了。

于是爱迪生下定决心离开这个使他伤心的地方，从幽静的门罗公园搬到热闹的纽约市第五大道事务所。在这里，为了忘掉悲哀，他每天都日以继夜不停地工作。

他每个星期天都抽空去看望孩子们。

三个孩子每到星期天早上，就会说："今天，爸爸要来。"吃过早餐后他们便会坐在凉台上等着父亲来。

远远地看见父亲，他们便一个个大声喊叫："爸爸来了，爸爸来了！"

三个孩子便欣喜地奔向前来，跳到父亲带满礼物的身边。

爱迪生过节给玛莉安的是很好的书籍和乐谱，送给托马斯和威廉则是糖果、饼干。

“你们三个乖不乖？有没有让外婆生气?”

“我们都很听话。”

托马斯这么回答，已开始在吃糖果了。旁边的玛莉安一直在笑，大概托马斯两兄弟都不太听话。

玛莉安在外婆家的内厅里弹奏上周新学会的钢琴曲给父亲听。

接着，慈祥的爸爸带着三个爱子去散步。

走过纽约市中央公园，擦身而过的人们都认识他。

爱迪生先生微笑着，同他们彼此打着招呼。

由于唱机和电灯的发明，爱迪生的照片经常见报，纽约市民几乎全都认得出他。

像这样星期天和孩子们一起玩的爱迪生，打从星期一开始的六天，每天都要工作 16 至 18 个小时，而且是不停地工作。

他将工作所需要的东西从门罗公园移到现在的事务所，为的就是抹掉内心的伤感。爱迪生致力于研究，发明了著名的“爱迪生灯泡”。这种灯泡由于是使用白热丝和金属板两个电极，所以有人叫它“两极真空管”。

收音机里的整流管则是一个叫作弗来明的英国人改良“爱迪生灯泡”而成的。后来又有一位叫作唐·佛勒特的人，再加上一个电极制作成“三极真空管”。

第二年即 1885 年，他利用“爱迪生灯泡”发明了利用电波通讯的“无线电”，可以和四公里以外的海上船只或行驶中的火车通讯。当然这项发明的专利权也是由爱迪生取得的。

一般人认为“无线电”是意大利人马可尼发明的，其实，马可尼发明“无线电”是 1896 年，要比爱迪生晚 11 年。

马可尼最初发明的无线电，其通讯距离最多只有两公里。可是他继续研究，研究出使用天线和高周波两大技术，因此，到了 1901 年居然使远隔大西洋的英美两国也能直接通讯了。

谈笑中的爱迪生

这点虽是爱迪生所不及，但如说谁先发明，则应首推爱迪生。所以有人主张：无线电的发明者是爱迪生。

当时曾为此事引起过专利权之争。爱迪生当时说："第一个发明无线电的是我，可是使它实用化的则是马可尼。所以发明者的荣誉归他并无不当。"

像他这种将荣誉让给马可尼的态度，反而受到人们的称赞。

闯进生活的米勒小姐

爱迪生还有一项未为世人所知的发明，那就是飞机。

1880 年，爱迪生刚刚发明白热电灯不久，门罗公园研究所每天都有很多参观的人。

参观者之中有《纽约前锋报》的社长柏勒特。爱迪生因为对方是全国大报的社长，因此，仍然在百忙中抽出时间礼貌地予以接待并向他讲解。

当这位社长准备回去的时候，对爱迪生这么说："爱迪生先生，大家都说你是魔术师，但若想发明出使人飞上天空的东西可能没有办法做到。"

"哈哈哈……未见得不可能，只是我太忙，抽不出时间研究而已。意大利的达芬奇在四百年前就想到让人在天空飞行，甚至连设计图也画好了。我记得少年时代曾在图书馆看过，很像鸟的翅膀，当然很简陋。"

"此后，就没有人研究吗?"

"俄国人罗蒙洛索夫研究过了，英国也有学者发表过飞行理论的论文。"

"真的吗？那些我一点也不知道呢。"

"不久的将来，人像鸟儿那样自由地飞翔天空的时代一定会到来。"

那天，他们两人就这样分手了。爱迪生利用空闲，还是画出一份设计图，形状相当于今天的直升飞机。采用两片螺旋桨，借助引爆纤维火药所产生的反动力，使之快速转动。

这架直升机交由机械工厂马上做好了。并且在研究所广场实验，当内装带状纤维火药的金属喷出管被引爆时，突然的强烈爆炸毁坏了整个机体，碎片擦过爱迪生的身边，所幸他没有受伤。

"实在太危险了!"

所内同事们力劝爱迪生中止研究，后来的火箭发射机正是利用了爱迪生这项火药推进的原理。

美国莱特兄弟第一次试飞是在爱迪生这次失败的 23 年后，也就是 1903 年。

1885 年 5 月爱迪生应邀前往波士顿友人伊斯拉·格林兰家。伊斯拉是爱迪生从前在波士顿担任电讯技师时的好友，现在已成为相当富有的资本家。

16 岁的玛依娜小姐，后来嫁给爱迪生

那天，在他家有位非常漂亮的年轻女性。

“爱迪生先生，我来为你介绍一下，这位是玛依娜·米勒小姐，波士顿大学毕业后，刚从外国旅行归来。”

1886 年爱迪生和第二任太太玛依娜

格林兰夫人介绍两人认识。

“米勒小姐的父亲，也是位发明家。”

爱迪生听说他是米勒的女儿，忽然想起来了。

“米勒小姐的父亲是不是住在奥克兰的路易士·米勒先生?”

“正是，你认识他?”

“路易士·米勒先生前年曾和一位牧师一起到过门罗公园，所以我们认识。”

“哦！是吗?”

格林兰夫人没有想到他们早已认识。

玛依娜说：“我父亲常常提起你，当你发明唱机的时候，温生牧师邀了家父一同去，听说他们做了很失礼的事情，但你所表现的风度非常好，家父常常夸赞你呢。”

这顿晚餐他们彼此交谈得很愉快。

爱迪生和玛依娜·米勒小姐相差 20 岁，可是两人谈得很投机。

这年夏天，爱迪生又再度应邀住到靠近奥克兰一处湖畔的米勒家别墅。爱迪生和玛依娜乘游艇，在湖上度过一个愉快的夏天，两人终于论及婚嫁了。

1886 年 2 月 24 日，两人在米勒家举行婚礼。当时爱迪生曾

新泽西州爱迪生的住宅

爱迪生与他的第二位妻子玛依娜在纪念碑前

邀请门罗公园研究所共事多年的古鲁西等老同事前来参加。

世界各地的贺电雪片般飞来，使得奥克兰的小小电信局手忙脚乱。

结婚后，爱迪生买下离纽约市 60 公里新泽西州的西·奥伦治地方一座漂亮的房子，举家迁居这里。

从那时起到爱迪生去世的五十年间，种种发明都是在这里完成的。

这座新居是三层楼的维多利亚式建筑，占地广达 520 公顷，单是培养美丽花卉的温室就有 40 公顷，可见其豪华气派之一斑。

此外，还有一个小型动物园。从纽约外婆家带回来的三个孩子很高兴地住进这个新家。

搬进新居的同时，爱迪生又在附近建造了比门罗公园更加完善的研究所。新的研究所是一座长 77 米，宽 8 米的长型三层楼建筑，另外还有四座长 30 米，宽 6 米的平房。

以前门罗公园的研究所因为地方小，职工们都挤在小房子里工作，这一回各人都有自己的大房间可以自由地做事了。

中央平房是间很大的图书室，除拥有六万册图书之外，还有过去 50 年世界各国出版的科学类杂志、报纸以及各大学所发表的研究论文。

当这座研究所设备完成之后，爱迪生对全体员工说："诸位，我们的一切工作就从现在重新开始。"这时的爱迪生是 40 岁。

背景知识

莱特兄弟发明飞机

1903 年 12 月 17 日，世界上第一架载人动力飞机在美国北卡罗来纳州的基蒂霍克飞上了蓝天。这架飞机被叫作"飞行者—1 号"，它的发明者就是美国的威尔伯·莱特和奥维尔·莱特兄弟。莱特兄弟的第一次有动力的持续飞行，实现了人类渴望已久的梦想，人类的飞行时代从此拉开了帷幕。

威尔伯·莱特生于 1867 年 4 月 16 日，他的弟弟奥维尔·莱特生于 1871 年 8 月 19 日。他们从小就对机械装配和飞行怀有浓厚的兴趣，从事自行车修理和制造行业。莱特兄弟原以修理自行车为生，兄弟俩聪明好学，从 1896 年开始，他们就一直热心于飞行研究。通过多次研究和实验，他们很快得出一个结论：要解决飞机操纵这个悬而未决的关键问题，必须装上某种能使空气动力学发挥作用的机械装置。他们按照这一想法，在基蒂霍克沙丘上空对载人滑翔机进行了几度寒暑的试验之后，他们的梦想终于变成了现实。

奥托·李林塔尔试飞滑翔机成功的消息使他们立志飞行。1896 年李林塔尔试飞失事，促使他们把注意力集中在了飞机的平衡操纵上面。他们特别研究了鸟的飞行，并深入钻研了当时几乎所有关于航空理论方面的书籍。这个时期，航空事业连连受挫，飞行技师皮尔机毁人亡，重机枪发明人马克沁试飞失败，航空学家兰利连飞机带人摔入水中，等等。这使大多数人认为飞机依靠自身动力的飞行完全不可能。

莱特兄弟却没有放弃自己的努力。从 1900 年至 1902 年期间，他们除了进行一千多次滑翔试飞之外，还自制了二百多个不同的机翼进行了上千次风洞实验，修正了李林塔尔的一些错误的飞行数据，设计出了较大升力的机翼截面形状。滑翔机的留空时

发明飞机的莱特兄弟

间毕竟有限，但假如给飞机加装动力并带上足够的燃料，那么它就可以自由地飞翔、起降。于是，兄弟俩又开始了动力飞机的研制。莱特兄弟废寝忘食地工作着，不久，他们便设计出一种性能优良的发动机和高效率的螺旋桨，然后成功地把各个部件组装成了世界上第一架动力飞机。他们在1903年制造出了第一架依靠自身动力进行载人飞行的飞机“飞行者”1号。这架飞机的翼展为13.2米，升降舵在前，方向舵在后，两副两叶推进螺旋桨由链条传动，着陆装置为滑橇式，装有一台70千克重，功率为8.8千瓦的四缸发动机。这架航空史上著名的飞机，现在陈列在美国华盛顿航空航天博物馆内。

“飞行者”1号是一架普通双翼机，它的两个推进式螺旋桨分别安装在驾驶员位置的两侧，由单台发动机链式传动。1904年，莱特兄弟制造了装配有新型发动机的第二架“飞行者”，在代顿附近的霍夫曼草原进行试飞，最长的持续飞行时间超过了5分钟，飞行距离达4.4千米；1905年又试验了第三架“飞行者”，由威尔伯驾驶，持续飞行38分钟，飞行38.6千米。

第一次试飞的那一天，天气寒冷，刮着大风，首先由弟弟奥维尔·莱特驾驶“飞行者”1号飞机进行飞行，留空时间12秒钟，飞行36.5米。在同一天内，飞机又进行了三次飞行，其中成绩最好的是哥哥威尔伯·莱特，他驾驶飞机在空中持续飞行了260米。

1903年12月14日至17日，“飞行者”1号进行第四次试飞，地点在美国北卡罗来纳州小鹰镇基蒂霍克的一片沙丘上。第四次由威尔伯·莱特驾驶，共飞行了260米，留空59秒。1906年，他们的飞机在美国获得专利发明权。

莱特兄弟飞行的成功，最初并没有得到美国政府和公众的重视与承认，直到1907年还为人们所怀疑；反而是法国于1908年首先给他们的成就以正确地评价，从此掀起了席卷世界的航空热潮。他们也因此终于在1909年获得美国国会荣誉奖。同年，他们创办了“莱特飞机公司”。威尔伯·莱特于1912年5月29日逝世，年仅45岁。此后，奥维尔·莱特奋斗30年，使莱特飞机公司成为世界著名飞机制造商，资金高达百亿美元。奥维尔·莱特于1948年1月3日逝世。

巴黎世界博览会上

1889年巴黎举办世界博览会，法国政府的邀请函送达到爱迪生手上，但是爱迪生说：“我不希望离开研究所太久，这次邀请还是辞谢掉吧。”

但爱迪生夫人玛依娜却怂恿他前往。她说：“旅行可以增广见闻，也是一种学习呀。”

“说得也是，也许会场里有能够刺激我的展出品。”

于是爱迪生带着夫人和16岁的长女玛莉安横渡大西洋去巴黎参加博览会。听说爱迪生要来，全巴黎市都轰动起来了。

博览会中，爱迪生的发明品占了美国馆的三分之一。7米见方的台座上，竖立了高13米的巨型白热电灯塔。入夜，会场到处亮如白昼，在博览会出尽风头。

爱迪生不管走到哪儿，都被热情的欢迎人潮围绕着，以至无法仔细观看博览会的展出品。从海外去的外国人很少有受到这样欢迎的。

巴黎市长为了向这位美国大发明家表示敬意，特别向他赠送了金质大奖牌。

著名的巴黎艾菲尔铁塔就是为了纪念这次博览会而建的，它高达三百米以上，是当时世界最高的建筑物。

在塔的底层举行九千人的大餐会，由当时法国总统签名的请帖送到爱迪生所住的旅馆。

法国巴黎埃菲尔铁塔

接到法国总统签名的请帖，爱迪生夫人和女儿非常高兴。可是来法国时，未能随身携带够气派的礼服，因此两人连忙跑到巴黎一流服装店，夫人订制了一件青色上衣，玛莉安则买了一件红色丝质、胸前镶中国玉的晚礼服，两人穿上新礼服真是漂亮极了！

出门的时候，爱迪生开玩笑地说：“带着两个这样的大美人去，大家一定非常羡慕我。”

晚餐会上，最受欢迎的是法国大音乐家查理士·古诺所指挥的巴黎交响乐团的演奏。

通向世博会主展馆的通道

预定的演奏完毕之后，古诺站在指挥台上对听众说："为了对前来我国的特别贵宾爱迪生先生表示敬意，再特地献上一曲。"

于是奏出表示欢迎爱迪生的新曲，会场的掌声经久不息。演奏完毕，古诺拿着有自己签名的乐谱送给爱迪生夫人，最后法国总统也代表法国政府颁赠爱迪生大勋章，庆祝餐会就此结束。

离开巴黎返回美国之前，爱迪生为研究所的职工们买了各种礼物，也为喜欢绘画的儿子托马斯买了油画用具，为威廉买了艾菲尔铁塔的模型和木马。

爱迪生上街买东西的时候，经常把手遮住右胸。因为爱迪生佩戴了法国总统颁赠的勋章。

夫人发现了，问道："为什么要那样?"

"因为我怕别人看见。"

他们一行从巴黎转到柏林、伦敦、罗马，所到之处都受到不亚于在巴黎所受到的欢迎。特别是在罗马，他还获颁"名誉伯爵”的称号。

令爱迪生最感吃不消的是，不管在哪个国家的欢迎会上，一定要他演讲。不擅言辞的他托同来的美国驻法大使帮忙度过了好几次难关。

从欧洲旅行回来的第二年夏天，爱迪生夫人做了她第二个孩子的母亲，之前生了个女孩玛德琳娜，这次生了个男孩取名查理士。

查理士后来出任新泽西州的州长，后来还担任过美国海军部长，是爱迪生的孩子中最有出息的一个。

爱迪生不喜欢正式服装，冬天不穿大衣，手套也常放在口袋里不戴。平常只穿衬衫，不打领带，上面穿件旧西装，再在西装上面加件棉质工作服。工作服因为实验时使用药品的关系到处都烧了洞，袖子也磨破了。

瑞典王子夫妇来研究所参观时，夫人要他换装。他说：“太

爱迪生和儿子查理士

严肃了，我不要，反正过两三个钟头以后，又会弄脏。”

这么说着，他就像孩子似的到处逃，夫人想让他换件新衬衫竟这么费事。

可是在欧洲旅行的时候，他却不得不衣冠整齐。一回到美国便把讨厌的正装赶快脱下，用钉子将它钉在墙壁上。

“让我吃够了苦，这次也该让你吃吃苦头了。”夫人也只好摇头苦笑。

西·奥伦治的研究所雇了一个名叫尼克的青年当守卫。那时候有各种人士到研究所来，常常给爱迪生添麻烦，尼克的任务便是不让人进去骚扰爱迪生。尼克上班的第一天，站在所长室门前，看到一个戴着肮脏帽子，穿着破旧外衣的男人想进入研究所。

“喂，喂，你要做什么?”

那个男人发呆了，站在守卫面前。

“干什么？我要到所长室去，为什么不能经过这里?”

“爱迪生所长的命令，没有获得许可的人不能进去。所长很忙，没有时间会见流浪汉。”

尼克挡住那个男人。

“真糟！我一定要到所长室，因为我有工作要做。”

尼克不禁笑出来，心想这个脏流浪汉的神经可能有问题！善良的尼克对流浪汉好意地说：“没关系，如果肚子饿了，我的三明治可以分一些给你，可是你不能进去。”

这次可是这个“流浪汉”微笑了。

“不，不用，午餐是你所需要的。”流浪汉这么说着回去了。可是过了五分钟又回来了，这一次是带了研究所的主任一起来的。

主任远在十米外就不高兴地对尼克说："你为什么不让他进去?"

"他没有通行证，而且说要到所长室去。"

"你认识他吗?"

"不认识。"

"岂有此理！这位就是爱迪生所长呀!"

尼克一下子呆住了。

过不多久，被唤到所长室的尼克心想一定是要解雇他了。没料到爱迪生不但没有辞退他，反而夸赞他是一位忠于职守、心地善良的好青年。爱迪生对他说：

"你当守卫太可惜了！提拔你做所长室的专属职员。"

第二天，爱迪生将多年所穿的破工作服换上了一件新的。夫人注意到这件事，问他说："真是奇怪！为什么你把喜欢的破衣换成新的?"

"是这样……"

爱迪生说出自己被守卫误为"流浪汉"的经过，夫人忍不住捧腹大笑。

爱迪生还是不认输地说："我不是正由于那件破衣服，能找到那么一位好青年吗?"

没过多久，又发生了一件爱迪生被这位新来的职员驳倒的趣事。

先前也曾提到过西·奥伦治的新研究所，除了一幢三层楼建筑外，还有化学研究室、电流计工厂、机械工厂，制图和精密作业、X光线、照相室等六栋建筑物。另外一幢则是材料仓库，内贮足够五年所需的一切器材。

几千个小抽屉，从地上连接到了天花板。包括各种化学药品和贵重的钻石、动物、植物、矿物等共约一万种，都是分类收藏。譬如说动物部分，细分为哺乳类、爬虫类、鸟类、鱼类、人类等，又再细分为骨、羽毛、皮、齿、蹄到人毛等等。

爱迪生将材料仓库整理完毕之后，就贴出公告：

悬 赏

这所材料仓库内，如果发现本实验所需要的东西缺少，每发现一件，赏给一元。

最初，同事们都觉得好玩，纷纷说：“一定要拿到赏金。”大家拼命去找，就是找不出所缺少的东西。可是新来的职员尼克在贴出公告第一天就到爱迪生那边领赏。

“缺少了什么?”

“洗衣夹，管仓库的说，的确没有准备。”

“哦！确实也需要那种东西。”

爱迪生笑着，从口袋里掏出一块钱递给了尼克。

发明电影摄影机

在西·奥伦治研究所不眠不休地埋首研究发明的爱迪生

从门罗公园搬到西·奥伦治的魔术师爱迪生，到底这次会弄出什么发明来惊动世界呢？人们等待着从研究所发表的新闻。

从欧洲旅行回来的爱迪生，先着手改良唱机。他把原来的筒形唱片改为圆盘片，并使它不易破损，录音量增加，唱针也不再用铁针，而采用宝石、青玉等来制造。

特别是灌制录音技术的改良，使再生的声音几乎跟原音一样。

这期间他所获准的专利权大小加起来不下八十多种，爱迪生还说不能满足。

他的想法是：以文明自豪的白人虽然认得字，但看书的人却很少，何况全世界有数十亿的文盲。对于这些人，只有经由耳朵教育他们。而那些有趣的故事、悦耳的音乐等，可以给人们安慰、鼓励，同样具有教育功能。这就需要用好的唱片，而且还得能以低价买到才行。

这种构想很了不起，爱迪生对唱片的改良具有相当功绩，可是一般人不认为这是爱迪生的成功。为什么呢？因为，那时候除了爱迪生，还有其他的公司出售圆盘唱片。

但爱迪生并非把全部精力都灌注在改良唱片上，他还有更伟大的，像发明电灯那样，惊动世界的研究正在进行。

那就是“电影摄影机”和“放映机”的发明。

电影的发明，除了带给世人奇妙的娱乐，更促进了种种知识学问的传播。

电影的基本原理，不用说当然是照相。

照相是在 1839 年，也就是爱迪生出生的 8 年前，由法国人塔格耳所发明。当时系采用金属板的表面，涂以溴化银薄膜，经过镜头感光而拍出照片。

当然这种照相机极不方便，后来它的感光板经过改良，成为现在这种样式，乃是美国人乔治·伊士曼的功劳。

有人说：“爱迪生发明电影是因透视镜和赛马的刺激所促成的。”

这是很有趣的说法，仔细查考爱迪生发明电影的步骤，这两项确实不能遗漏。

他发明唱机后不久，曾在街上偶然看到透视镜。

“如果照相能够活动，那多好玩！那该是需要一分钟连续拍摄 15 张到 20 张照片，以后再用同样的速度映出，这样就可以看出原来的动态了。”那时爱迪生脑海里出现这样的想法。

恰好，那时有个赛马狂提出疑问：“马，以最快速度奔驰的时候，四只脚究竟是否同时落地?”

爱迪生在使用他发明的摄影机

他为这件事与人打赌。因为速度太快，人的眼睛根本看不清楚，如果拍成照片，大概可以清楚地看出。这个人如此想，便去拜托名叫马布里奇的摄影研究家。马布里奇想出来的办法是，在赛马场设置 24 架相机，相机快门连接着一根放在马匹经过途中的线，当马蹄碰到这根线时，相机快门就会连续拍下照片，结果非常成功，人眼没法看清的瞬间动作都清楚地拍摄下来了。

知道这件事的爱迪生想：“制造出一秒钟可以拍摄几十次的相机，那么动的物体就可以照样拍出。问题是感光板，可不能像玻璃那么硬的东西，要柔软的才行。”

从这时起，爱迪生想起“会动的照相”的发明。当感光玻璃板的解决尚无眉目的时候，爱迪生前往欧洲旅行。

回国之后，他得知摄影事业方面又有人跨前了一步。被尊为“摄影王”的伊士曼开始出售赛璐珞作的底片以代替感光板，命名为“伊士曼底片”。这正是爱迪生所希望的。于是爱迪生立刻访问伊士曼，双方说好底片的构造与大小，做成使用上最方便的东西。

由于爱迪生亲自来委托，伊士曼便爽快地答应了，剩下的是摄影机和放映机的发明。照例，研究所通宵作业，先制作一种每秒钟能拍摄 46 张底片，一分钟 2760 张的摄影机，这时伊士曼送来了爱迪生所定制的底片。

接着是建造一间摄影用的摄影室。

爱迪生在西·奥伦治研究所内搭建一座可移动式长方形建筑物，这就是世界上最初的电影摄影室。这座建筑物里外都涂了黑色。安装在圆形轨道上使它能旋转，随着日光的照射，相机和舞台都可自由转动。

最初的电影是拍摄女孩跳绳，带着猴子的意大利艺人拉着手风琴，接着是在舞台上转来转去的杂技师表演。

参观试映的是西·奥伦治研究所的职工，当人们见到画面人物活动的时候，一个个兴奋得不得了。连爱迪生也像孩子似的兴奋无比。

爱迪生夫人说：“你这么高兴的样子还是我头一次见到。”

爱迪生所建造的世界第一所电影摄制厂

这次，研究所比发明唱机时更加热闹。

现在，在世界各地日夜娱乐观众的电影，就这样在西·奥伦治的小摄影室里开始了。

1924年，是爱迪生77岁的寿辰。为了表示庆贺，那些和电影事业有关的人士联合起来举行了一次盛大的餐会。餐会上，爱迪生说："对于电影的发展，我只是在技术上出了点力，其他的都是别人的功劳。我希望大家不要只拿电影来赚钱，也要为社会多做一些有益的贡献。"

这席话，使与会者十分感动。

背景知识

电 影

电影是人类迄今为止最神奇的发明之一，它让人们在光影的转换下完成视听的享受。如今，电影已经普及到世界的每个角落，并且发展成为世界最重要的产业之一。电影产业从无到有，由产生到壮大，发展大概经历了以下几个过程。

一、19 世纪 30 年代，电影开始了它的诞生前的技术准备期，也叫作发明期

早在1829年，比利时著名物理学家约瑟夫普拉多发现：当一个物体在人的眼前消失后，该物体的形象还会在人的视网膜上滞留一段时间，这一发现，被称之为"视象暂留原理"。普拉多根据此原理于1832年发明了"诡盘"。"诡盘"能使被描画在锯齿形的硬纸盘上的画片因运动而活动起来，而且能使视觉上产生的活动画面分解为各种不同的形象。"诡盘"的出现，标志着

电影的发明进入到了科学实验阶段。1834 年，美国人霍尔纳的“活动视盘”试验成功；1853 年，奥地利的冯·乌却梯奥斯将军在上述的发明基础上，运用幻灯，放映了原始的动画片。

摄影技术的改进，是电影得以诞生的重要前提，也可以认为摄影技术的发展为电影的发明提供了必备条件。早在 1826 年，法国的 W·尼埃普斯成功地拍摄了世界上第一张照片“窗外的景”，曝光时间 8 小时。而在初期的银板照相出现以后，一张照片缩短至 30 分钟左右，由于感光材料的不断更新使用，摄影的时间也在不断缩短。1840 年拍摄一张照片仅需 20 分钟，1851 年，湿性珂珞酊底版制成后，摄影速度就缩短到了 1 秒，这时候“运动照片”的拍摄已经在克劳黛特、杜波斯克等人的实验拍摄中获得成功。1872 年至 1878 年，美国旧金山的摄影师爱德华·马布里奇用 24 架照相机拍摄飞腾的奔马的分解动作组照，经过长达六年多的无数次拍摄实验终于成功，接着他又在幻灯上放映成功。即在银幕上看到了骏马的奔跑。受此启发，1882 年，法国生理学家马莱改进了连续摄影方法，试制成功了“摄影枪”，并在另一位发明家强森制造的“转动摄影器”的基础上，又创造了“活动底片连续摄影机”，1888 年 9 月，他把利用软盘胶片拍下的活动照片献给了法国科学院。

在 1888~1895 年期间，法、美、英、德、比利时、瑞典等国都有拍摄影像和放映的试验。1888 年，法国人雷诺试制了“光学影戏机”，用此机拍摄了世界上第一部动画片《一杯可口的啤酒》。1889 年，美国发明大王爱迪生在发明了电影留影机后，又经过五年的实验后，发明了电影视镜。他将摄制的胶片影像在纽约公映，轰动了美国。但他的电影视镜每次仅能供一人观赏，一次放几十英尺的胶片，内容是跑马、舞蹈表演等。他的电影视镜是利用胶片的连续转动，造成活动的幻觉，可以说最原始的电影发明应该是属爱迪生的。他的电影视镜传到我国后被称之为“西洋镜”。

1895 年，法国的奥古斯特·卢米埃尔和路易·卢米埃尔兄弟，在爱迪生的“电影视镜”和他们自己研制的“连续摄影机”的基础上，研制成功了“活动电影机”。“活动电影机”有摄影、放映和洗印等三种主要功能。它以每秒 16 画格的速度拍摄和放映影片，图像清晰稳定。1895 年 3 月 22 日，他们在巴黎法国科技大会上首放影片《卢米埃尔工厂的大门》获得成功。同年 12 月 28 日，他们在巴黎的卡普辛路 14 号大咖啡馆里，正式向社会公映了他们自己摄制的一批纪实短片，有《火车到站》《水浇园丁》《婴儿的午餐》《工厂的大门》等 12 部影片。卢米埃尔兄弟是第一个利用银幕进行投射式放映电影的人。史学家们认为，卢米埃尔兄弟所拍摄和放映的已经脱离了实验阶段，因此，他们把 1895 年 12 月 28 日世界电影首次公映之日即定为电影诞生之时，卢米埃尔兄弟自然当之无愧地成为“电影之父”。

二、1896~1912 年，电影从幼年期迅速成为一种艺术

早期的电影，还没有脱离刚刚诞生的痕迹，它以杂耍和魔幻术的姿态，使人们感到新奇。从《火车到站》《膝行的人》到《水龙出动》《水龙救火》《扑灭大火》《拯救遭难者》等影片，卢米埃尔创造了最早的新闻片、旅游片、纪录片、喜剧片等影片样式。卢米埃尔电影最突出的特点是纪实性，它直接拍摄真实的生活，给人以身临其境之感，成为写实自然主义电影风格的开路先锋，形成了电影的纪实性传统。卢米埃尔的生活纪实短片

在持续放映了一年半时间以后，人们的兴趣就在明显地减弱，以至最后再也无人问津了，这不能不说是时代的局限和自然主义的局限造成的。但刚起步的困境，并没有影响电影的大势所趋，另一位法国电影先驱乔治·梅里爱应时而出，他使电影从一种纪实性的“活动照相”（亦称运动画面）导向了艺术电影，为电影的发展做出了许多创造性的贡献。

作为机械师，梅里爱制造了一整套机关、机器和舞台道具；作为画家，他制造了无数个布景和服装；作为魔术师，梅里爱运用了丰富的想象力，创造了许多新的特技；作为作家，他不断创造出新的剧本；作为演员，他是他节目中的重要角色；作为导演，他懂得怎样设计和调动一个小剧团。乔治·萨杜尔在《世界电影史》中说：“梅里爱天才的特征，在于有系统地将绝大多数戏剧上的方法如剧本、演员、服装、化妆、布景、机关装置以场景的化分等等，应用到电影上来。”他在这方面所取得的经验，直到今天还以各种形式保留在电影中。

梅里爱以照相的特技代替了舞台上的机械装置，同样，由于无声电影的需要，梅里爱也特为演员们发明了一种新的演技。这种演技虽和哑剧的演技有所不同，但着重夸张，突出手势，因为它非常注意动作，而对面部表情极不重视。影片《灰姑娘》是梅里爱戏剧电影的代表作，这部取材于欧洲著名童话故事的影片，巧妙地运用了诸种特技手法，把南瓜变成车子；把老鼠变成了马车夫，对于特技摄影的开创性运用，是梅里爱对于电影的又一个贡献。

三、1913~1926 年，无声电影走向成熟

这一时期，电影成为艺术已有公论；另一方面，电影已经成

为一种产业，电影到此时才有了真正的艺术作品。美国喜剧电影大师查尔斯·卓别林，也是无声电影时期杰出的电影艺术家。1914年，他编导了第一部影片《二十分钟的爱情》。接着，《阵雨之间》又问世，在这部影片中，第一次出现了流浪的夏尔洛的形象。1917年的《安乐街》里，夏尔洛形象显示了逼人的光辉。《夏尔洛从军记》一片标志着卓别林表演艺术的成熟。1919年，他自己集资建厂，成了好莱坞第一个真正独立制片的艺术家。20世纪20年代，他拍摄了一批以《淘金记》为代表的著名影片。卓别林一生有80部喜剧电影作品，其中《王子寻仙记》《大独裁者》《凡尔杜先生》《摩登时代》和《淘金记》等代表作具有永久魅力。卓别林电影的最大特色是：具有鲜明的现实性和尖锐的讽刺性及雅俗共赏的大众化特色。萨杜尔先生对其作品作了如下评论："卓别林的影片是唯一能为贫苦阶级和最幼稚的群众所欣赏、同时又能为水准最高的观众和学识渊博的知识分子所欣赏的影片。"

苏联的著名电影大师谢盖·爱森斯坦是无声电影时期为蒙太奇理论的建立与发展做出举世瞩目的重要贡献的杰出代表。1924年，他导演了第一部影片《罢工》，创造性地使用了杂耍蒙太奇，把沙俄军警屠杀工人的镜头和屠杀牲畜的镜头组接在一起，使之交替出现，造成了怵目惊心的隐喻。1905年，他导演了世界电影史上最杰出的史诗式的无声片《战舰波将金号》，成功地在影片里表现了俄国1905年革命。该片曾多次在国际电影评选中获奖。影片中著名的敖德萨阶梯的场面、段落，已成为影响几代电影艺术家的经典性范例。1927年，他还导演了《十月》。爱森斯坦的贡献在于对蒙太奇理论的阐述和艺术实践，使之成为一个完整的美学体系。爱森斯坦的艺术特点在于将格里菲斯创造的平行蒙太奇技巧向前推进了一大步；善于运用特写表现事物的内涵；利用镜头的交切形成蒙太奇节奏，揭示人物的内在情绪；充分发挥了蒙太奇的隐喻功能，形成“诗电影”的传统。

四、1927~1945年，电影作为一种艺术走向成熟

1927年是电影史上具有划时代意义的一年。《爵士歌王》影片的诞生标志着有声电影时代的来临，同时也是电影走向成熟期的标志。声音使电影由单纯的视觉艺术，发展成视听结合的银幕艺术，实现了电影史上的一次革命，极大发展了电影的本性，为电影艺术开拓了新的天地。有声电影从问世到推广，大约用了五六年的时间，原因有认识上的、经济上的和技术上的。特别是一批有名的电影艺术家，留恋无声电影时期的美学原则，过多挑剔了刚问世的有声电影的一些弱点。但是，随着电影艺术家对声音控制运用能力的增强以及录音设备、技术条件的改善，有声电影才得以正常地发展。

1935年，马摩里安摄制了世界上第一部彩色故事片《浮华世界》。彩色胶片的发明，使得电影艺术又进入了一个新的发展阶段。声音和色彩促使电影更趋近于自然。有的电影创作家，在一部影片中交替使用彩色片和黑白片，因而收到了特殊的艺术效果。

彩色电影的问世，标志着电影从诞生发展达到了完善成熟的发展时期，从此电影艺术进入了新的发展阶段。

五、1946~1959年，电影艺术进入了重要的发展时期

这一时期，世界电影呈现多头并进的曲折发展时期。美国电

影在战后一段时间里，在世界各地受到了冷遇；战后的苏联及东欧国家形成四足一方，大体沿着社会主义现实主义的传统轨道缓慢发展，艺术创作受教条主义和庸俗社会学的影响，少有突破和进展。这一时期，苏联的一些电影工作者拍摄出了一批有感情冲击力的战争片和有一定形象感染力的人物传记片。如《青年近卫军》《攻克柏林》《易北河会师》《米丘林》《茹科夫斯基》《海军上将乌沙科夫》。在斯大林逝世后，苏联电影在“解冻文学”的思潮影响下，开始走出僵化的模式。继1957年卡拉托卓夫《雁南飞》以后，苏联电影便出现了再度大发展的局面。西欧的电影大国，如英、法、德、意，构成当时四足并立的另一极。战争留下的阴影和经济困难的制约，使西方电影进入特殊的时期，在困难和对手挑战下，不仅没有萎缩，反而刺激了西欧现实主义电影的繁荣发展。在东方，主要是日本、中国、印度的电影出现了长足的新发展，并先后进入了世界电影大国之列。日本电影在东方起步较早，二战期间日本电影步入歧途，而战后不久便获得新生。尤其在1950年黑泽明的《罗生门》以后，日本电影引起了世界的关注。印度电影在20世纪30年代开始也有了较好的狭窄的发展。进入本时期后，印度电影因受意大利、法国和苏联电影的影响，逐渐从追求豪华的音乐歌舞片而转向现实。1953年，拉杰·卡普尔导演的《流浪者》和比麦尔·洛埃的《两亩地》等影片标志着印度电影的新面貌。在1955年，印度影片年产量达285部，仅次于日本而排在世界第二位。现在，印度电影每年产量多达700部左右，成为世界电影生产第一大国。

六、1960年至今，世界电影从突破创新中走向多样化发展

这一时期全世界的电影事业出现较大的发展。就连拉丁美

洲、远东、阿拉伯世界和非洲电影都有了可观的发展，而过去巴西、阿根廷、墨西哥在世界电影史已占有一席之地，在这段时期，又有了新的发展。智利、古巴、玻利维亚等国电影也有了新的发展。这一时期，香港电影发展到充斥着整个中南亚电影市场，并影响着整个中国大陆电影的局面。所以，本时期世界电影已由过去的四足分立并进变成了全球性大发展。

投资铁矿和水泥业

1880 年爱迪生为电车的发明开始做准备的时候，曾带了几位同事到长岛一带进行调查旅行。因为他听说这地方有很好的铁砂层，而铁则是一切工业的基础。

造船、建大楼，还有铁桥和机械等，铁的用途可说数不尽。随着文明的进步，铁的需求量也日益增多。

爱迪生在早些时候曾取得从山上挖出来的铁矿采用电磁选矿井法的专利，这次很想自己试试看。

到了长岛，他真被吓了一跳，数十公里的海岸到处都是铁砂。

“这么多的铁砂，弃置不用未免太可惜！用磁力来分开砂和铁，能得到几十万吨的铁呢。”

这么想着，爱迪生马上在海岸附近建实验工厂。开始工作没多久，有一天飓风突然来袭。

风暴过去之后，爱迪生到海岸察看时不禁愣住了。原来波浪把所有的铁砂层都冲走了，海岸已不复是先前的海岸。

爱迪生死了心，回到研究所。转眼又过了 10 年。

爱迪生发明“电影片”之后，正打算进行其他发明，忽然想起铁矿的经营。

那时候，美国铁的产量不足已经十分明显。

他首先派遣铁矿调查队到各地去进行调查，结果在新泽西州北部发现了一座很有希望的铁矿山。

买进矿山的爱迪生，不用其他矿山所用的选矿法，而采用大规模的新方法。

他先在铁矿山的腹部开一个 70 米的横洞，装置炸药，一次就可爆出 3 万 5 千吨的铁矿，再将这些铁矿放入滚筒磨碎，使它通过磁石，就能获得含有 93%氧化铁的上等矿石。

磨碎铁矿的滚筒直径 2 米，磨碎了的矿石粉通过 180 个磁石之间，这就是爱迪生的独特方法。

“爱迪生式选矿机”完成之前，已试验过近五十种机械，做了又改，改了又做，到最后完成已经花费将近三年的岁月。

这期间，采矿公司的经营全部委由副总裁负责。这位副总裁先从矿工住宅着手，将山中矿工住宅装了电灯和自来水，使其成为设备完善的社区，远非一般矿山可比。

他的竞争对手的采矿公司说：“怎么能说爱迪生对于采矿事业不是外行？在那样的地方花费那么多的金钱，怎么能够经营？恐怕不等开始生产，公司就倒闭了。”

爱迪生对这一类的闲言闲语丝毫无动于衷，没多久，储存矿石的仓库建好了，新泽西铁路的支线延长到爱迪生矿山下，终点站就叫“爱迪生站”。

办完这些，采矿公司一直只有支出，还没有一块钱的收入，公司的资金快要用尽，但爱迪生仍然坚持到底。

他的长处是采用新的造矿法，比原来磁铁矿的售价低了许多。其他的钢铁公司当然也会注意到这一点。

开始营业的第一天，钢铁公司就订购了 1 万吨，以后也不断有订货。

经过炸药引爆，巨大的石头飞到空中，然后就将它送进货车内，转运到选矿场。纵使重达一两吨的矿石用滚筒也轻易地就磨碎了。磨成细粉的矿石经过干燥机，然后再送到磁力选矿机，铁质和岩石即行分开。

其他采矿公司利用那种旧式机械所生产的铁矿自然无法和其相比。

爱迪生的铁矿经营以 1889 年最好，每天所产矿砂用 75 辆可装载 20 吨的货车送到炼铁厂。可是到了 1890 年，情况完全改变了。

明尼苏达州也发现了很大的铁矿，而且品质也很优秀，铁价因而下跌将近一半。这样，爱迪生公司生产的这种品质较差的铁砂在价格上就无法与之竞争了。

“真是遗憾！矿山只好关闭了。”

爱迪生断然做出了终止该项事业的决定。虽然经过八年的努力和两百万元的投资，终究敌不过经济情况的发展。

51 岁的爱迪生不但耗尽全部财产，而且还负了很多的外债，但他仍然一点也未显出失望。

“又学到了一门学问，而且对社会曾经有过贡献，没有什么好后悔的。至于债，用工作来偿还就是了。”

爱迪生这么安慰着那些失望的同事们。

“魔术师下山了，下次又会变什么花样?”

“爱迪生过了八年，打开魔法箱，里面是空的。”

当一些不怀好意的地方新闻撰写这种报道的时候，爱迪生已在着手准备别的事业了。

“爱迪生 · 波特兰水泥公司”就是因为爱迪生知道混凝土的建筑将渐渐增多，认定水泥制造业将大有希望而创立的。

要碾碎作为水泥原料的石灰岩，那些用于开采铁矿、碾碎矿石的机器马上便可派上用场。

工厂的设计图经过 24 小时不眠不休的加班画好，照设计图所建的工厂，直到今天还仍然保留着。

烧制水泥的回转炉，普通标准是直径 2 米，长 20 米，可是爱迪生作了长达 50 米的回转炉。

20 米长的回转炉，24 个小时只能生产两百桶水泥，而爱迪生一次建造的回转炉便可提高到 1000 桶。

回转炉终于建好了，试验的结果却只有四百桶。

“不可能！重新来。”

爱迪生这样命令道。

接下来的报告是 24 小时生产 650 桶，爱迪生还是不满足。

“我的计算没有错的话，一定有 1000 桶。”

工厂主任费尽心机，于是 700 桶，800 桶，900 桶，渐渐提高，终于达到爱迪生所要求的 1000 桶产量。

这样，爱迪生的公司转眼成为全美五大水泥公司之一。

用爱迪生发明的水泥灌注机建筑的工人住宅

水泥公司的利润很大，当年开采铁矿所负下的债不到三年就全都还清了。

接下去研究的项目，是为多数工人建造价廉而耐火的房子。

他的方法是采用先造好房屋架构，安装铁筋，然后灌注水泥的方法。照他所想的办法，实际做起来，灌注水泥只要 6 个小时就可做完，一幢漂亮的房子在很短期间就能完成。

这种方法使建筑技师也自叹不如。

“爱迪生式建筑法”造成一次建筑界的革命，此后各处的大楼、工厂等大建筑纷纷采用这种方法。

但是爱迪生为职工兴建小型住宅的目标却未达成。

原因是爱迪生式建筑法虽然方便，但式样却大同小异，千篇一律，而人们对于要住的房子，各有各的习惯和喜好，因此，相同式样的房子就不太受人欢迎。

煞费苦心发明电池

被称为全世界发明王的爱迪生，在他 84 年的漫长生涯中，最费苦心的却是电池的发明。也许有人觉得奇怪，但这是事实。

爱迪生在电池的发明上整整费了十年的光阴，耗费三百万美元巨资，而实验的次数高达五万次之多。这番苦心，恐怕任何人都无法做到。

1892 年的爱迪生

爱迪生发明电池之后说："唱机可以用耳朵听，电灯可以用眼睛看，可是电池的研究，不能用耳朵，也不能用眼睛，只能用头脑，难就难在这里。"

说实在的，就连"发明王"自己也知道要发明性能好、使用方便的电池该有多么困难！

在门罗公园的研究所和搬到西·奥伦治后，爱迪生常常和同事们谈到需要性能好的电池的事情。

同事们对他说："所长，只

有让你来发明了，也只有你才有这种能力，别人恐怕没有能力发明这种东西。”

爱迪生有点困惑地说：“如果着手的话，不知何年何月才能完成，我自己也没有把握。不过认为确有必要的这种想法倒是一天比一天强。”

有了电灯，也有了发电机，但总有无法使用这种电气的时候。如果有了可以保存电气的蓄电池，不用说一定很方便。只要有了蓄电池，哪怕是深山或是再偏僻的地方，也可有电灯照明，还能用于机械，不是很理想吗？

其实，蓄电池很久以前就由法国人勃兰特发明了，只是性能不好，没有什么用处。到 1880 年，又有法国人福勒苦心发明新的蓄电池，这就是所谓的“铅蓄电池”，比起勃兰特的蓄电池可以说优秀多了，所以马上被广泛用作电灯的电源。

只是这种蓄电池有两个缺点：第一，铅本身很重。第二，蓄电量太少。

不用说爱迪生了，所有从事电气工作的人也都知道这些缺点。

利用轻的材料而蓄电量又多，这才是理想的蓄电池。

1900 年初，爱迪生终于开始着手于蓄电池的研究。

“就像猎人在广大的原始林内找一只小小的金鸟。”这是爱迪生自己谈起当时的心情所说的一句话。

鸟巢不知在哪里，不管大树、小树，都要一株一株地仔细去看看。

他除了铅，各种金属和药品都曾用来研究、实验，可是全都不行，这样花费了三年工夫。之后他又想到铅之外的镍和铁，这时他已经做了三千次以上的实验了。

找到镍和铁的线索后，爱迪生为了做这两种金属的所有形态试验，特别在离西·奥伦治五公里的地方建了一座新的化学工厂。

那时候爱迪生的勤奋和旺盛的精力，同事中没有谁人能比。累了不管是什么地方躺下就睡；醒了，不管是白天或黑夜，立即就开始工作。

有一次，爱迪生说："累了，我得去睡一下。"

过了一会儿，有位同事探头看看所长室，发现爱迪生正躺在桌上枕着厚厚的书本睡觉，那本书是瓦特著的化学辞典。

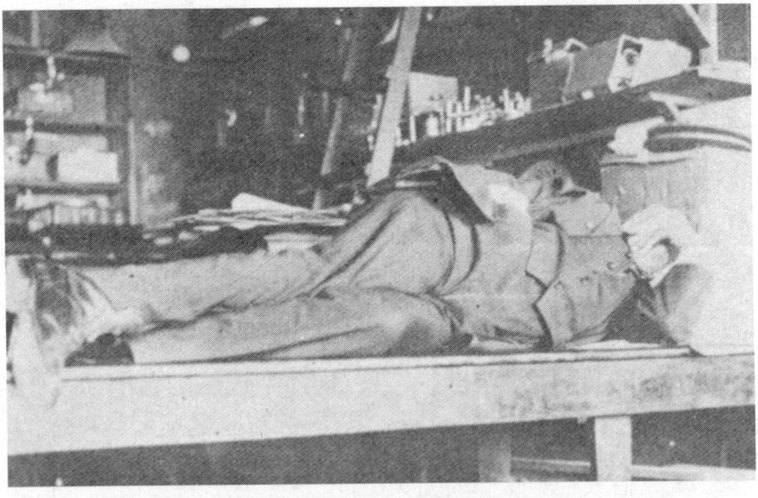

实验室中的爱迪生，随时随地都可以就地小憩

同事们开玩笑地说："所长睡的时候，可能还在吸取书中的知识。"

着手研究电池第十年，即 1909 年，爱迪生终于梦想成真了。

新发明的蓄电池，阳极采用氧化镍，阴极采用氧化铁，浸以苛性苏打溶液，通上电流即可充电。

福勒发明的是“铅蓄电池”，而爱迪生发明的通常叫作“碱蓄电池”，它比前者轻，充电量又多，的确是理想的蓄电池。

背景知识

蓄电池的发明史

二次电池或称蓄电池，是真正的电能储蓄器，1859 年由普南特所发明的铅酸蓄电池，在经历了近一个半世纪之后，现在看来仍然具有生命力。它的主要缺点是相对密度很大，因此能量密度很低。但这个电池目前最广泛的用途，是作为汽车内燃机点火器的电源，对汽车而言，这个缺点是完全可以容忍的。近年来对改善该电池性能做的一系列研究工作，使这种古老电池仍然具有市场和前途，但同时也阻止了其他高能密度新电池的顺利推出。

今天较为广泛使用的另一种蓄电池是镍-镉电池。这种电池是由金格纳在 1896 年发明的，比铅酸蓄电池有更长的寿命。由爱迪生发明的铁-镍电池，曾经长期作为有轨电车的照明电源，它的特点是能经受长时间放电。银-锌电池是由伏特发明的最早的电池，它正在进入现代电池行列。应该说这种电池在很长时间内（约 140 年左右）不是实用的电池。因为锌沉积时晶枝的生长造成银电极短路，严重地降低了该电池的寿命。直到 20 世纪 40 年代之后，思厥等人利用一种隔膜防止短路，才使该电池进入了实用时代。它的优点是具有很高的能量密度，因此可在直升飞机上使用。

潜水艇探测器

发明蓄电池第二年的 1910 年，爱迪生以前一再重复研究的“圆盘式唱片”终于完成了。两年后，他又发明了唱片式有声电影机。

爱迪生的努力，没有一时一刻松懈。

1914 年的 7 月，第一次世界大战爆发，当年的 7 月 9 日夜晚，西·奥伦治研究所突然被原因不明的怪火烧得精光。

总计损失五百万元。同事们认为如想再建可能很困难。奇怪的是一切虽都烧完了，但爱迪生的一张照片，却丝毫无损。

乐观的爱迪生

“这真是太奇妙了!”

从助手那儿接过照片后，爱迪生在照片后面写上“我一点也没有受伤”之后，他高举照片，对围在旁边的人说：“诸位，就像这张照片，火没有损伤到我，我一点也不失望，反而给了我勇气，从明天开始建造更大的房子。”

67 岁的爱迪生，意志仍然极其坚强，本想安慰他的人，反而受到他的安慰。

那天晚上，爱迪生通宵绘制新研究所的设计图。第二天开始指挥一千五百名工人整理火场，火灾过后两个星期，新研究所就开始着手兴建。

开战前，美国都是从德国进口各种药品和染料以及很多工业必需品。现在因为战争的关系，这些完全被停止进口，美国许多工厂都很伤脑筋。

爱迪生的唱机工厂平常每天使用一吨半的石炭酸，现在没有原料供应，不能制造唱片。去问各家化学药品公司，没有一家有货，工作只好暂时停顿。

化学药品公司说："即使现在开始从事研究，要想石炭酸上市最少还得等到一年以后，而且谁也没有把握。"

"真是可耻！没想到我们美国的化学药品工业竟然这样依赖德国。"爱迪生生气地说。

他准备自己制造石炭酸，于是，立刻动手把蓄电池用的镍工厂一部分改装为石炭酸制造工厂。那时大家只知道石炭酸是从石炭提炼出来的焦油，再经过蒸馏制成，可谁也不明白详细的方法和所需要的设备。

"不管怎么样，要快!"

为执行爱迪生的命令，研究所的同事们一天三班不停地工作。结果，20 天后就制出石炭酸来了。

这所工厂第二年再行扩充，制造好几种化学药品。同一时期，美国的毛皮业者有一项药品因为德国不再供应，几乎陷于绝境，爱迪生也生产这项药品，挽救了整个毛皮业者。

1915 年 7 月，美国海军部长丹尼尔拜访爱迪生，他对爱迪生说："战争越来越激烈，照目前这种情形看，美国站在英、法国这一边参战只是时间问题。这次战争如果不能总动员以科学技术全力支援作战的话，要想胜利恐怕不易。所以特别邀请民间的科学家领导他们。"

"战争，利用工业和科学的力量没有错，可是我没有从事武器研究的经验，不知道能否效力？"本来就厌恶战争的爱迪生，显得有点不快地回答。

"不，你只要在他们有事找你商量的时候，说出自己的意见就够了。倘若您肯出任主席，对科学家们就是一项鼓励。"

爱迪生和海军部长讨论的结果，主席一职让桑德斯博士担任，爱迪生任执行总裁。

果然，没过多久美国就参战了。

背景知识

潜艇

潜艇是一种能潜入水下活动和作战的舰艇，也称潜水艇，是海军的主要舰种之一。潜艇在战斗中的主要作用是：对陆上战略目标实施袭击，摧毁敌方军事、政治、经济中心；消灭运输舰船、破坏敌方海上交通线；攻击大中型水面舰艇和潜艇；执行布雷、侦察、救援和遣送特种人员登陆等。

按作战使命分为攻击潜艇与战略导弹潜艇；按动力分为常规动力潜艇（柴油机-蓄电池动力潜艇）与核潜艇（核动力潜艇）；按排水量分，常规动力潜艇有大型潜艇（2000 吨以上）、中型潜艇（600~2000 吨）、小型潜艇（100~600 吨）和袖珍潜艇（100 吨以下），核动力潜艇一般在 3000 吨以上；按艇体结构分为双壳潜艇、半壳潜艇和单壳潜艇。

潜艇之所以能够发展到今天，是因为它具有以下特点：能利用水层掩护进行隐蔽活动和对敌方实施突然袭击；有较大的自给力、续航力和作战半径，可远离基地，在较长时间和较大海洋区域以至深入敌方海区独立作战，有较强的突击威力；能在水下发射导弹、鱼雷和布设水雷，攻击海上和陆上目标。

但潜艇自卫能力差，缺少有效的对空防御武器；水下通信联络较困难，不易实现双向、及时、远距离的通信；探测设备作用距离较近，观察范围受限，掌握敌方情况比较困难；常规动力潜艇水下航速较低，充电时须处于通气管航行状态，易于暴露。

18 世纪 70 年代，美国人 D · 布什内尔建成一艘单人操纵的木壳艇“海龟”号，通过脚踏阀门向水舱注水，可使艇潜至水下 6 米，能在水下停留约 30 分钟。艇上装有两个手摇曲柄螺旋桨，使艇获得 3 节左右的速度和操纵艇的升降。艇内有手操压力水泵，排出水舱内的水，使艇上浮。艇外携一个能用定时引信引爆的炸药包，可在艇内操纵系放于敌舰底部。1776 年 9 月，“海龟”号潜艇偷袭停泊在纽约港的英国军舰“鹰”号，虽未获得成功，但开创了潜艇首次袭击军舰的尝试。

潜艇发展至此，一直是由人力推进的，因此限制了潜艇的发展。而此时，蒸汽机已经发明并被应用到了铁路运输和水面舰船上。蒸汽机在潜艇上的应用，推动了潜艇动力装置的发展，再加上潜艇设计者的不断努力，终于出现了以机械为动力的现代潜艇。

18世纪末到19世纪末是潜艇研制的重要时期。1801年，美国人R·富尔顿建造的“鹦鹉螺”号潜艇，艇体为铁架铜壳，艇长7米，携带两枚水雷，由4人操纵。水上采用折叠桅杆，以风帆为动力。水下采用手摇螺旋桨推进器推进。19世纪60年代，美国南北战争中，南军建造的“亨利”号潜艇长约12米，呈雪茄形，用8人摇动螺旋桨前进，航速4节，使用水雷攻击敌方舰船。1864年2月17日夜，“亨利”号用水雷炸沉北军战舰“豪萨托尼克”号，首创潜艇击沉军舰的战例。1880年9月，中国在天津建成第一艘潜艇，艇体形如橄榄，水下行驶十分敏捷，可于水下暗送水雷，置于敌船之下。

早期潜艇使用的武器，主要是艇体上挂带的定时引爆炸药包或水雷。1866年，英国人R·怀特黑德制成第一枚鱼雷。1881年，T·诺德费尔特和G·加里特建造的“诺德费尔特”号潜艇，首次装备鱼雷发射管；同年，美国建造的“霍兰”Ⅱ号潜艇安装有能在水下发射鱼雷的鱼雷发射管，这是潜艇发展史上的一项重要发展。

早在19世纪50年代，法国海军的一名工程师就提出了改装机械动力潜艇的建议，许多人也进行了这方面的尝试。

1863年，法国建成了一艘“潜水员”号潜艇。艇体模仿海豚的外形设计，长42.67米，排水量420吨。使用一部功率为59千瓦（80马力）的蒸汽机作动力，速度为2.4节，能在水下潜航3小时，下潜深度为12米。由于“潜水员”号采用了蒸汽机作动力，尺寸超过了当时所有的潜艇，成为了20世纪之前最大的一艘潜艇。虽然“潜水员”号潜艇的动力装置有了质的飞跃，但它却受当时设计水平的限制，当增加压载使其浮力等于零时，潜艇下潜就失去了控制，水下航行的稳定性很差。另外，潜艇在水下航行时需要大量的空气，而这在当时几乎是无法解决的问题。于是，“潜水员”号最终以失败而告终。

蒸汽机作为潜艇的动力失败后，潜艇设计师们不得不另辟蹊径，为潜艇寻找更好的动力装置。1886 年，英国建造了一艘使用蓄电池动力推进的潜艇（也被命名为“鹦鹉螺”号）成功地进行了水下航行，航速为 6 节，续航力约 80 海里。从此，电动推进装置为潜艇的水下航行展现了广阔前景。但对现代潜艇的发展作出过最大贡献的，当属美国潜艇设计师约翰·霍兰。

约翰·霍兰 1841 年出生在爱尔兰利斯凯纳镇，父亲是英国海岸警卫队的一名雇员。父亲的职业使霍兰从小就对海洋及战舰充满了好奇。中学尚未毕业时，父亲不幸病故，年轻的霍兰被迫结束学业，到一所学校担任理科教员，以挑起家庭生活的重担。在此期间，霍兰一边工作，一边设计潜艇。1873 年，霍兰辞去了教师工作，带着他的潜艇设计图纸到了美国。在美国，他一边在一个都教会学校教书，一边完善着他的潜艇设计图。

1875 年，霍兰将建造新型潜艇的计划送交美国海军部。但是，美国海军对三年前支付五万美金建造的一艘名为“智慧之鲸”的小型手操潜艇的沉没仍然记忆犹新，因此断然拒绝霍兰的计划。遭到拒绝的霍兰却没有因此而却步，他很快就得到了流亡美国的由爱尔兰一些革命者组成的“芬尼亚社”的大力资助。在“芬尼亚社”的支持下，经过三年时间的努力，霍兰终于在 1878 年将自己的第一艘潜艇送下了水。

该潜艇被命名为“霍兰－Ⅰ”号，是一艘单人驾驶潜艇。艇长 5 米，装有一台汽油内燃机，能以每小时 3.5 海里的速度航行。但由于潜艇水下航行时内燃机所需空气的问题没有解决，故潜艇一潜入水下发动机就停止了工作。虽然这是一艘不成功的潜艇，但霍兰却在它的身上积累了经验，为下一步建造新的潜艇打下了基础。

这时，“芬尼亚社”对霍兰的潜艇研制提出了要求：所建造的潜艇，大到足以能有效地进行作战，小到使其能够塞进特制的商船船舱。这种商船要求可以装成民船的模样横渡大西洋。当遇到敌舰后，特殊商船将潜艇放出以攻击敌人。按照这一特殊要求，1881 年，霍兰成功地建造了他的第二艘潜艇，命名为“霍兰－Ⅱ”号（也称“芬尼亚公羊”号）。该艇长约 10 米，排水量 19 吨，装有一台 11 千瓦的内燃机。为解决纵向稳定性问题，霍兰为潜艇安装了升降舵。同时，他还在艇上安装了一门加农炮，使得“芬尼亚公羊”号潜艇既能在水下发射鱼雷，又能在水面进行炮战。“芬尼亚公羊”号的建成给公众以极大的鼓舞，在潜艇发展史上也被认为是一个重要的里程碑。

当时的德国潜水艇活跃于各处，常常将美国运送各种军需物资和兵员到欧洲的船只一一击沉。

如何防范德国潜水艇的攻击？这问题在海军顾问委员会最先被提出来时，爱迪生特地邀请古立奇博士来商量。

古立奇博士是将爱迪生发明的电灯改良为钨钢白热丝电灯的科学家，爱迪生一向很看重他的能力。

爱迪生和古立奇博士一致认为，防止潜水艇攻击的最好方法是“水中听音机”，也就是现在所称的“声纳”。

“古立奇先生，对于利用水中听音机事先知道 6 公里外来袭

一战时的德国潜艇

的敌人潜水艇的方法，以及如遇敌人鱼雷攻击，我方船只能迅即换转九十度的装置，希望你来想办法。”

“这很困难，不过我愿意试试。”

古立奇博士果然不使爱迪生失望，没多久就发明出能发现在附近三公里内海中潜水艇的“潜水艇探测器”。有了这项设备，美国海运的损失大为减少。

爱迪生在战争期间，负责研究无线电话所用的真空管，不过，实际上他也完成了一些更奇妙的发明。

例如，为逃避潜水艇的伪装法，救援遭鱼雷攻击船舶的特殊防水布，以及夜间敌船无法看见来船灯火的装置、防毒面具、提早发现敌机的方向探测器等等发明。由于这些都是军事机密，所以当时都未公开。

这些发明全都是防御性的东西而非攻击性武器，从这里就可看出爱迪生还是厌恶战争的。

大战结束后，爱迪生是唯一获得海军部“特殊勋章”的平民。

战争期间，德皇威廉曾说：“用爱迪生的头脑来战争，比那一百个师团去战争更可怕。”

美国参战前，西·奥伦治研究所被不明怪火所烧毁，就有人传说是德国间谍深恐爱迪生会发明出可怕的武器而才去纵火的，但真相如何，迄今未明。

1918 年的 11 月，第一次世界大战结束，爱迪生卸去海军顾问委员会的职务，重返研究所工作。

这时，爱迪生已 71 岁，但依然精神矍铄。他自豪地说：“我的祖父、父亲都活到 90 岁以上，我到 90 岁，还有 20 年，从事新的发明有的是时间。”

合成橡胶

周围的人最担心地是爱迪生的健康，他已七旬高龄，但每天睡眠时间仍只有 4 个小时。一旦热衷于某件事，他一点都不在乎通宵工作。第二天也不补睡。天天读书、思考、研究、实验，从不让头脑休息。就算特别疲倦也只在研究所内的长椅上躺一会儿，醒了，马上又再开始工作。

爱迪生夫人常说：“我最头痛的是，怎样才能把丈夫带到寝室去。”

美国汽车大王亨利·福特

爱迪生终于接受人们善意的劝告，规定每天工作16个小时，这已是他 75 岁时候的事了。顽固的爱迪生，想必也已考虑到自己的年龄和健康了。

不过，年纪虽然大了，爱迪生对于发明的热忱一点没有减退。

被称为美国汽车大王的亨利·福特是爱迪生的好友之一。福特第一次遇见爱迪生是在1896年。

这年的2月26日爱迪生的父亲突然去世，享年92岁。爱迪生将父亲遗体运到波特·休伦埋葬在母亲的墓旁。其间途中因为有事而到底特律去，那时福特正好在街上见到爱迪生。福特心里想，只要能和这位伟大的发明家说一次话，也是好的。

爱迪生（中）、亨利·福特（左）参观万国博览会

福特终于如愿以偿。同年8月在纽约市东方大饭店举行了一个有关电气技术的会议。会议完毕，晚餐开始的时候坐在爱迪生身旁的人对他

说："爱迪生先生，这里有一位青年，他发明一种车子可以不用马匹牵引。"

爱迪生说："那倒是很奇妙，我想见见他。"

于是福特和爱迪生就此结识，那年福特才 33 岁，比爱迪生年轻 16 岁。

福特对这位发明界的前辈兴奋地说着自己所发明的汽车。最后他说："为了要使汽油在气缸中爆发，现在正在研究一种新的火星塞。"

美国汽车大王亨利·福特（中）参观爱迪生（左）的研究所

"那是最重要的部分，相信你一定可以完成。电车需要发电设备，火车需要锅炉和煤炭。而你的汽车等于自备发电，不需要锅炉、煤炭和蒸汽。这个构想很好，好好干吧!"爱迪生这么鼓励他。

受到世界最伟大发明家的鼓励和夸奖，福特打从心里感激他。回到底特律后将当天和爱迪生会见的情形，反复对妻子说了好几遍。

爱迪生和福特两人之间的友情尽人皆知，那个晚餐会上的见面不过是个开端。

第一次世界大战过后，福特将底特律的福特汽车工厂大肆扩充，并邀请爱迪生前往参观。那时福特对爱迪生说："制造汽车的器材全都可在美国国内生产，只有橡胶需要输入。今后汽车一天天增加，替代美国人双脚的日子就在眼前。可是制造轮胎的橡胶却非得从外国进口不可，这对美国的确是一个大问题。”

爱迪生始终没有把这席话忘记。

“橡胶树以外的植物，难道没有办法生产同性质的东西吗？橡树需要经过那么些年才能采到橡胶。如果像维草那样，每年都能采到同性质的东西，那就好办了。”

爱迪生这么想着，首先将北美和南美的植物搜集起来，依次采取树液进行研究。

这样搜集植物的种类多达一万四千种，其中含有橡胶的相当多，可是含量太小，不能作为工业用。

最后只选择了橡胶较多的六百种植物再进行研究，最后觉得可用的只有一种，这是开黄花的多年生植物。

这项发表引起了非常的反响。爱迪生做完这次橡胶研究已经是 83 岁高龄了。

几年以后，除了植物性橡胶之外，又有“合成橡胶”的化学制品出现。从此不再需要从植物中采集橡胶了。爱迪生的这项功绩，受到世人的极高评价。

第五篇　人类永远的怀念

我始终不愿抛弃我的奋斗生活。我极端重视奋斗得来的经验，尤其是战胜困难后所得到的愉快。一个人得先经过困难，而后踏入顺境，才得以受用、舒适。

——爱迪生

资助优秀学生

爱迪生年迈以后，曾常利用研究空闲外出旅行，大半是在夏季，作为期两周的野外露营。

这种旅行，常有亨利·福特和博物学权威约翰·布朗博士参加。有时连总统也会过来助兴。

爱迪生说过一句话："我们现在最重要的是培植和选拔新人。"听到爱迪生的这番话，大家都很感动。但是，如何才能发掘优秀青年，各人有各人的意见。

最后亨利·福特说："请将你那研究所的试题再做研究，每年让全美青年做答，凡成绩最好的颁给奖学金，这办法不知好不好?"

爱迪生和汽车大王亨利·福特参观镕接机工厂

大家都表示赞成。

这件事马上付诸实行。审查委员除选出亨利·福特外，还包括摄影大王乔治·伊士曼，麻省理工学院院长史特兰特博士，横渡大西洋的飞行冒险家林白以及另一位学院院长柏利共五人。

第一次考试，是在爱迪生从某种植物采取橡胶成功的 1929 年举行。当然全美优秀的青年都希望能够参加。但办法是从各州选出一名优秀青年，再加上欧洲地区代表 49 人齐集在爱迪生的

设在密西根州迪雨桥的爱迪生纪念馆

研究所内接受最后考试。

参加考试的一行人的轿车后面跟着卡车，到加州、内华达州、维吉尼亚州、北卡罗莱纳州、纽约州等地，也到南部山岳地带去旅行。

晚上不住旅馆，自搭帐篷。帐篷中使用爱迪生所发明的蓄电池点灯。

早晨在溪流里洗脸，大家徜徉在花草盛开的小丘上，听虫声鸟鸣，喝着咖啡，就美国和世界问题彼此交换意见。

爱迪生坐在门罗公园里的爱迪生纪念碑前

有一次，爱迪生说：“好像最近的学校教育都在造就一定形式的人，没有让人的智慧有充分的发展。其实只要自己看书就能知道的事，没有必要非由教师来教不可。倒不如培养青少年自己的思考能力，否则的话，将来要想有什么大发展是没有什么希望的。”

“我赞成你的看法。”随声附和的是福特。

“爱迪生先生，你觉得需要怎样的教育?”

“我的研究所，每年都有许多青年想来就职。我提出种种问题来考他们，问题中很多都和发明与工业毫无关系。这些应征青年，有的显出颇不以为然的样子，认为我出的题在专业知识范围之外，那样的青年我就不用。

我提出许多题外问题的目的是想看看这位青年在精神上是否健全，是否具备在我研究所工作的性格。”

“的确不错!”

“福特先生，我也常想，美国今后必将有更大的发展，我们需要培养优秀的后继人才。美国青年中一定有不少优秀的，但是否有发掘这些优秀青年的方法呢？如果能发掘这样的优秀青年，我愿提供就读大学的奖学金。”

试题总共有 57 题，分为四类：

第一是物理学、第二是化学、第三是数学、第四是常识。

一至三都由专门学者出题，只有第四类，由于身为社会一分子，要看他对社会贡献的想法，所以特别采用爱迪生的意见。

例如物理学方面，有如下的试题：

说出噪音与音乐、音响的差别。

教会里的风琴，如果没有暖气设备，每周寒冷天气音调就会改变，这是为什么？

考试完毕，试题在全美各大报上发表。大家都想试试自己的能力，所以一经报名解答，无不深感兴趣。

著名的爱因斯坦博士看过当时的化学试题后说：“这太难了，就连我去考，恐怕都考不及格。”

这句话马上在报上刊登出来，读者们都笑了。

第四类由爱迪生出题，全都是出人意外的问话，最令一般人感兴趣的，例如：

1.如果你有百万元的遗产，要怎么利用？

2.你愿为下列主题中的哪一项拼命？

幸福、快乐、舆论、名誉、金钱、爱情。

3.你临终前回顾自己的一生，以什么来决定自己的一生是成功或失败？

4.你认为什么时候可以说谎？

的确，像爱迪生提出的这些问题，都可说是关系人生的切身大事。

考试结果拿到最高分92分的，竟是一位16岁的少年，另外还有三位少年及格。

爱迪生如约拨给这四位少年就读四年大学的奖学金。

“白热电灯发明五十周年”庆祝会

1929年亨利·福特将爱迪生位于门罗公园的建筑物重建在密西根州迪尔本。研究室，各种机械工厂、树木以及带红色的黏土全都搬去，每样东西都和当年孟诺·派克的情景一模一样。这是“白热电灯发明五十周年庆祝会”的准备工作之一。

爱迪生伉俪和胡佛总统夫妇一起旅行到迪尔本，想亲眼看看这座令人怀念的建筑物。

“怎么样？爱迪生先生，这和以前的建筑物一样吧？”

“不错，很好，只有一项例外。”

“例外？”

“我工作的地方，没有现在这么干净，地上到处是掉落的药水，我又穿着皮鞋乱踩，所以……哈哈哈。”

爱迪生愉快地笑了。

1931 年摄于爱迪生刚看完病之时，这是爱迪生生前最后一张照片

1929 年 5 月 30 日，在亚特兰大城，由胡佛总统主持“白热电灯发明五十周年”庆祝餐会。

世界各国的政治领袖以及科学界著名人物纷纷来电致贺，美国邮政当局特别发行了印有灯泡的纪念邮票。

当时在南极探险的巴德少将，为表达对爱迪生的敬意，特将竖立在南极的标志写上爱迪生的名字。

亚特兰大城全市到处都灯火通明，纽约百老汇剧场也饰以电灯。

晚餐会上，胡佛总统发表演说：“爱迪生由于自己的努力和天才，而成为美国最负盛名的人。他是我们美国的国宝，也是人类的恩人。”

爱迪生（左）和美国第三十一任总统胡佛

接下来，爱迪生被如雷般的掌声邀请上台。

他无言地扫视着周围，看到盛大的庆祝会场，也许正回想起过去 82 年的一切。

他勉强压制兴奋的心情，低声说："总统先生，各位来宾，我深深地感激大家的盛情。"

坐回席位的发明大王，也许是兴奋、疲倦兼而有之，突然脸色骤变，旁观者马上召来胡佛总统的医生为他注射强心剂。

82 年间，白天、晚上不停工作的发明大王的健康的确每况愈下了！

走完伟大的人生旅程

从亚特兰大城回家的途中，爱迪生留在亨利·福特家休养，经医生详细诊断结果，确认他患有糖尿病。

那年冬天他又罹患了严重的肺炎，幸而后来康复了。

第二年 7 月，他到达加州的橡胶栽培试验场。过去栽培的这种橡胶植物只有 1 米高，采胶量也很少，但现在经研究改进，已使它可长到 3 米高。

"再过五年，美国所需的橡胶就不必由外国输入了。"爱迪生对在试验场工作的同事们这样说。

连发明大王自己也没想到这是他最后的工作。

1931年8月1日，爱迪生在西·奥伦治研究所工作时，突然倒地不起，这个新闻震惊了全世界。他的病况严重，但稍微好些的时候，却仍念念不忘地说："我希望快到研究所去。"

这位一生勤奋研究、工作不懈、意志坚强的发明大王，终于未能达成心愿。就在1931年10月18日，星期日的凌晨3点24分，发明大王爱迪生走完了他84年的伟大人生旅程。

临终时他说："我为人类的幸福已经尽了心力，没有什么好遗憾的了！"

三天后的10月21日傍晚，这位发明大王的遗体埋葬在靠近他在西·奥伦治克雷特的家的大橡树下。

那天下午10时，胡佛总统流着眼泪念了下面这段悼词："全世界全人类，继承着这位发明7家的伟大遗产，永久蒙受恩惠。"

当时，全美各地熄灭电灯一分钟，以示哀悼。

对爱迪生对人类的贡献及其个人无比的工作热诚，也许用他的好友，同时也是科学家兼发明家的乔治·伊士曼的一段话，可以表述得更为恰当："托马斯·爱迪生，在使这个世界成为舒适、快乐而更好生活的各个方面，比谁都贡献得多……在他身上，结合了非凡的意志、无比的精力，甚至在垂暮之年，对于成功地解决当时的问题，仍具有孩子般的热忱。"

附　录

爱迪生年表

1847 年，2 月 11 日，出生于美国俄亥俄州米兰镇。

1853 年，6 岁，随家人搬到密歇根州休伦市北部的格拉蒂奥特堡。

1859 年，12 岁，开始做火车上的报童。

1863 年，16 岁，开始做报务员。

1868 年，10 月 11 日，发明“投票计数器”，获得生平第一项专利权。

1869 年，10 月，与友人合设“波普——爱迪生公司”。

1870 年，发明普通印刷机，出让专利权，获 4 万美元。在纽约克自设制造厂。

1871 年，24 岁，和玛莉结婚。

1872~1876 年，发明电动机电报，自动复记电报法，二重、四重电报法，制造蜡纸炭质电阻器等。

1875 年，发明声波分析谐振器。

1876 年，在新泽西州的门罗公园建立了第一个工业研究实验室。它是现代的“研究小组”这一概念的创始。发明碳精棒送话器。申请电报自动记录机专利。

1877 年，在门罗公园改进了早期由贝尔发明的电话，并使之投入了实际使用。获得三项专利：穿孔笔、气动铁笔和普通铁笔。8 月 20 日发明了被证实为爱迪生心爱的一个项目——留声机。

1878 年，改良留声机，设计微音器，扩音器，空中扬声器，声音发动机，调音发动机，微热计，验味计等。2 月 19 日获留声机专利。7 月与宾夕法尼亚大学派克教授赴怀俄明观察日全食，并用他发明的气温计测量太阳周围全体的温度。8 月返回门罗公园，重新投入科研实验当中。英国批准爱迪生“录放机”专利申请。9 月访问康涅狄格州的威廉·华莱士。开始进行发明电灯的研究。10 月 5 日提出等一份关于铂丝“电灯”的专利申请。

1879~1880 年，经数千次的挫折发明了高阻力白炽灯。改良发电机。设计电流新分布法，电路的调准和计算法。发明电灯座和开关。发明磁力析矿法。

1879 年，8 月 30 日，爱迪生和贝尔在萨拉托加溪市的市政厅各自演示了电话装置，结果爱迪生的电话比贝尔的清晰。10 月 21 日发明高阻力白炽灯，它连续点燃了 40 个小时。11 月 1 日申请碳丝灯专利。12 月 21 日《纽约快报》报道了爱迪生的白炽电灯。12 月 25 日，对来自纽约市的 3000 名参观者在门罗公园做公开电灯表演。

1880 年，研究直升机。获得电灯发明专利权。制成磁力筛矿器。1 月 28 日提出“电力输配系统”专利书。2 月 18 日《斯克立柏月刊》发表了《爱迪生的电灯》一文，正式宣布了电灯的发明。5 月第一艘由电灯照明的“欧洲”轮船试航成功。12 月，成立纽约爱迪生电力照明公司。

1881 年，纽约第五大道总部设立。成立一个白炽灯厂于纽约克。设立发电机，地下电线，电灯零件的制造厂。在门罗公园试验电车。

1882 年，发明电流三线分布制。申请专利 141 项。9 月 4 日成立第一座中央工厂。12 月底美国各地建立了 150 多个小电站。

1885 年，5 月 23 日，提出无线电报专利。

1887~1890 年，改良圆筒式留声机，取得关于留声机的专利权 80 余份。经营留声机，唱片，授语机等制造和发售事业。

1888 年，发明筒型留声机。

1889 年，参加巴黎百年博览会。发明电气铁道多种。完成活动电影机。

1890~1899 年，设计大型碎石机，研磨机。在奥格登矿地亲自指挥用新方法大规模开发铁矿。

1891 年，发明“爱迪生选矿机”，开始自行经营采矿事业。获得“活动电影放映机”专利。5 月 20 日第一台成功的活动电影视镜在新泽西州西奥兰治的爱迪生实验室向公众展示。

1893 年，爱迪生实验室的庭院里建立起世界上第一座电影“摄影棚”。

1894 年，4 月 14 日，在纽约开辟第一家活动电影放映机影院。

1896 年，4 月 23 日，第一次在纽约的科斯特—拜厄尔的音乐堂使用“维太放映机”放映影片，受到公众热烈欢迎。

1902 年，使用新型蓄电池作车辆动力的试验，行程为 5000 英里，每充一次电，可走 100 英里，获得成功。

1909 年，费时 10 年的蓄电池研究，终于成功。制成传真电报。获得原料机、加细碾机、长窑设计专利。

1910~1914 年，完成圆盘式留声机，不损唱片和金钢石唱片。完成有声电影机。

1910 年，发明“圆盘唱片”。

1912 年，发明“有声电影”；研制成传语留声机。

1914~1915 年，发明石碳酸综合制造法，并合留声机和授语机为远写机，一方电话机可自动纪录对方说话。自行制造苯、靛油等。

1915~1918 年，完成发明 39 项之多，其中最著名的是鱼雷机械装置、喷火器和水底潜望镜等。

1927 年，完成长时间唱片。

1928 年，从野草中提炼橡胶成功。

1931 年，10 月 18 日，爱迪生在西奥伦治逝世，终年 84 岁。10 月 21 日，全美国熄灯一分钟以示对爱迪生的哀悼。